エルサレムとエリコの国境辺りを一人のユダヤ人が旅をしている道中、追い剝ぎに襲われ、半殺しの状態で倒れていました。うずくまる旅人の前をユダヤ人の一祭司が通りました。でも彼は知らん顔で通り過ぎました。次に同じユダヤの国のレビ族の一人が通りました。彼もまた同胞を見て見ぬふりです。

そして3人目に通り掛かったのはサマリア人でした。サマリア人は、ユダヤ人と歴史的に対立関係にある民族です。ですが、このサマリア人は倒れていたユダヤ人の旅人を手厚く介抱します。

イエスはこう話し終えてご自分から質問されます。「ひどい目にあった旅人の隣人になったのは誰ですか」と。律法の先生が「傷ついた旅人を助けた人です」と答えると「あなたも同じようにしなさい」と教えられました。イエスは真の「隣人」を問うたのです。人権、国籍、宗教など全ての垣根を越えた「隣人愛」を示されたのです。

（善きサマリア人のたとえ、本文より一部抜粋）

善きサマリア人修道会の本部
（オーストラリア・シドニー）にある
ステンドグラス。善きサマリ
ア人のたとえを表している

シスター景山　謝罪と感謝、そして共働

プロローグ　南国で人々とともに

皆さま、初めまして。景山ひろと申します。いかがお過ごしですか。

2020（令和2）年は〝超〟想定外の年になりました。新型コロナウイルスの影響で、世界中で多くの犠牲者が出ました。悲しいことです。NHKの海外向け衛星放送によると、日本でもなお感染が続いているようですね。映像でマスク姿の皆さんを拝見しています。ただ、わたくしの住んでいる町はもっと厳しいのですよ。徹底したロックダウン（都市封鎖）が続き、外出したら職務質問を受けることもあります。こんな話をしていると、「どこにいるの」

と思われるでしょう。

申し遅れました。わたくし、フィリピンのバコロドで生活しております。九州から南南西におよそ3千キロ。7千以上の島で構成されるこの国で、カトリック「善きサマリア人修道会」のシスターとして宣教活動に携わり、地域の支援を行っております。支援と言ったら口幅ったいですね。一緒に働いていこうという感じでしょうか。微力ですが、90歳になっても仕事があるのはありがたいことです。

皆さんはフィリピンが暑い南国とのイメージをお持ちでしょうね。その通り、人々は年中汗をかいていますよ。日差しはとても厳しいです。日本のような四季はありません。衣替えと言っても通じません。ただ雨期の夕方のスコールは、貧しい人たちにとって体を洗える恵みのシャワーです。衣類の洗濯もできますしね。南国の木々をつややかにし、ほこりっぽい道路を瞬く間に洗ってくれます。特にお伝えしたいのが人々の気性の良さ。フィリピン人は温かく陽気です。

さて、このコロナ禍のような難事はおいそれと経験できるものではありません。わたくしにとっては、そう、太平洋戦争以来の体験でしょうか。ウイルスのせいで世界は一変しました。でもこれを事実として受け止め、皆で新たな生活を模索したいですね。

　出身は東京ですが、長崎県佐世保市の聖和女子学院で長い間奉職しておりました。九州にはご縁があります。恩人や友人もたくさんいて、第二の故郷です。そして今生活している場所が、第三の故郷です。

　これからわたくしの話にしばらくお付き合いいただければと思います。よろしくお願い申し上げます。

シスター景山　謝罪と感謝、そして共働◉目次

刊行に寄せて

Ⅰ

「涙の町」と信仰について

若く活気あるフィリピン

　皆さま、ごきげんいかがですか。紹介しましたように、わたくしはフィリピンで生活しています。まずはこの国についてご説明しますね。長崎県佐世保市の聖和女子学院で長年、教師をしておりましたので、ここは社会科の授業風にいきましょうか。さあ、準備はいいですか。

　フィリピンは東南アジアの太平洋に浮かぶ島国です。海を隔てて北に台湾、南や南西にインドネシアがあります。７千余りの島々から成り、面積は日本の約８割の30万平方キロメートル弱。人口はどのくらいと思いますか。これが意外に多いのですよ。世界13位の１億６６５万１千人（２０２０年版世界保健統計）で、爆発的に増加しています。10位の日本は１億２７２０万２千人（同）ですので、いずれ抜くでしょう。平均年齢も25歳前後と、若々しく活気あふれる国です。

　気候は常夏のイメージ通り。わたくしが住むバコロドは年間を通して平均気温が30度前後と暑いです。代表的な都市は北部のルソン島にある首都マニラ。政治経済の中心地です。中部に位置する世界的なビーチリゾート、セブ島も思い浮かぶでしょうね。

わたくしが住んでいるのは、そのセブ島の西隣、ネグロス島のバコロドです。日本ではあまり知られていませんが、人口約56万人の島最大の町で港湾都市。ネグロス西部州の州都です。その町の一角にわたくしが所属するカトリック「善きサマリア人修道会」の修道院があり、現在はわたくしとオース

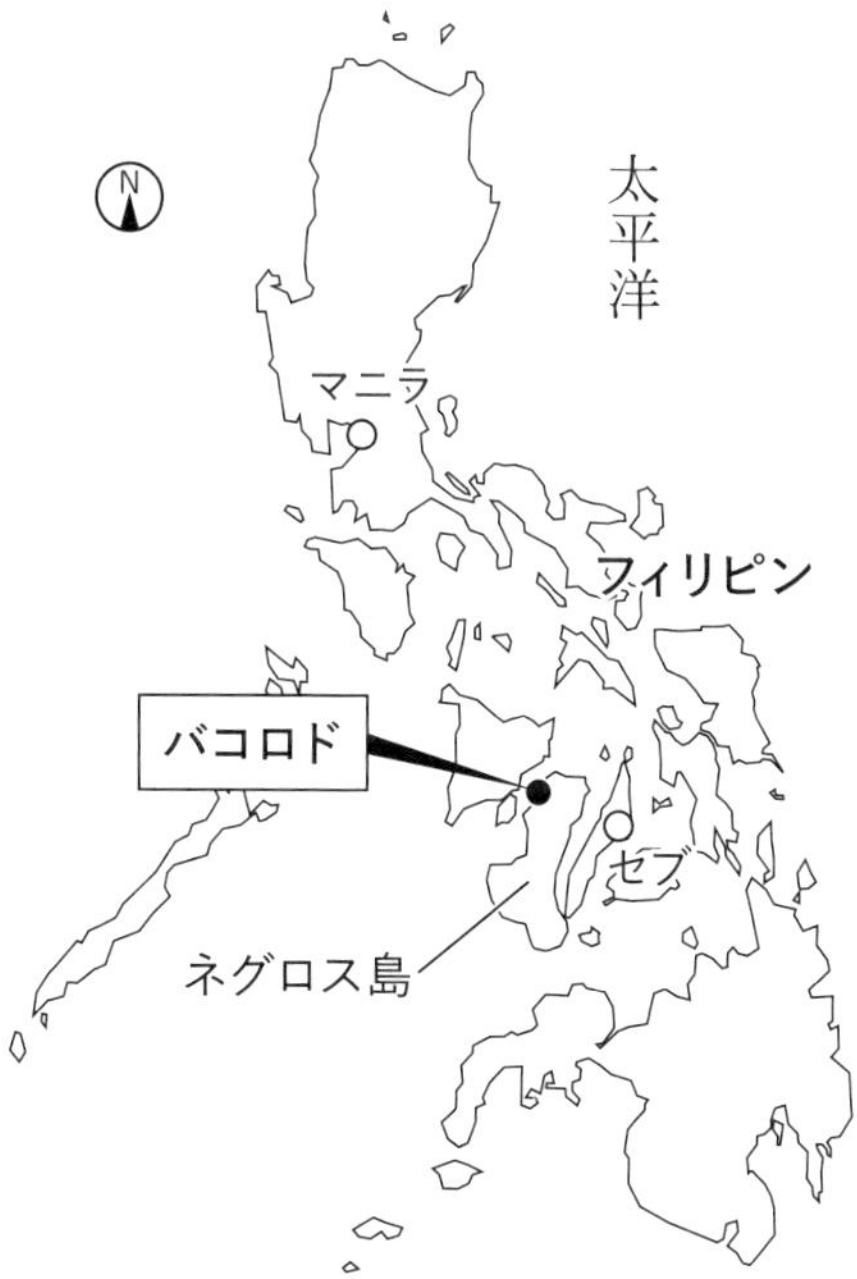

トラリア人やフィリピン人のシスター計6人で暮らしております。

どんな国民かといえば、日本で暮らすフィリピン人と接した方はお分かりですよね。国民性は総じて明るいです。中でも、バコロドは「ほほ笑みの町」と言われ、人々はとても温かく陽気です。コロナ禍前の町は、いつも人、人、人…。歩いていると「シスター！」とよく声を掛けてくれます。平均寿命が短いフィリピン。90歳という高齢のわたくしの存在は珍しく、タクシーに乗るときなどはすぐに手を貸してくれます。

しかし、そのバコロドはつらい過去をたくさん背負う「涙の町」でした。

苦い砂糖の島

社会科の授業の続きです。わたくしはカトリック「善きサマリア人修道会」のシスターとしてフィリピン中部のネグロス島で最大の市、バコロドの修道院で生活しています。現地での活動はカトリックの宣教師として、会員とともに日本の皆さまから頂いた浄財を活用し、貧しい人々のために、幼稚園の運営や学生への奨学金の付与、女性の就業支援などに当たっています。

このネグロス島はコロナ禍前、それはそれはにぎやかな町でした。車が絶え間なく行き交い、人があふれ、成長を感じさせる若々しい町でした。ただ、スラム街があちこちにあります。仕事がなく昼間にぶらぶらしている大人の男性。夕方にスコールが降ると大喜びで体を洗う子どもたち。いつ壊れてもおかしくないバラック小屋が軒を並べます。海には汚物が浮かび、悪臭を放ちます。想像を超える悪い環境での生活です。日本も貧困層が増えたと聞きますが、社会制度が整っています。フィリピンとは比べものになりませんよ。

ここで、ネグロス島の歴史を説明します。スペイン植民地時代からサトウキビの栽培が盛んで「砂糖の島」と呼ばれてきました。時折豪邸を見掛けますがそれこそ、この産業で財を成した砂糖貴族の住まいです。多くの人々は貧しい砂糖労働者。貧富の差が大きく、砂糖の島は「飢餓の島」と呼ばれた時期もあります。

１９８０年代初頭に砂糖価格が世界的に大暴落。これを引き金にネグロス島の砂糖産業は崩壊の危機にさらされました。当時20万人以上いた砂糖産業に携わる労働者が失業し、栄養失調で多くの幼い命が奪われたのです。つらくて苦い「砂糖」を巡る出来事でした。

かつて侵略に苦しめられ、植民地となり、第2次世界大戦でも大きく傷ついたフィリピン。そこには日本も加担していました。その話はいずれ、お伝えしようと考えております。ここに来た大きな理由ですから。

もしかしたら読者の皆さま、ずっと疑問に思っていらっしゃるのではないでしょうか。カトリックはご存じでしょうが、「善きサマリア人修道会」ってあまり聞き慣れないなあと。わたくしの生きていく上での「背骨」にもなっているこの会について、今からお話しします。

「善きサマリア人」について

宗教学の授業のような切り口で話しますね。なじみがないかもしれませんが、ちょっとだけ、お付き合いください。5分ほど(笑)。

さて、私が所属するカトリック「善きサマリア人修道会」について、じっくりご説明します。キリスト教系の学校や、カトリック信者の多い長崎は別にして、日本ではキリスト教自体に触れる機会が少ないですね。中でも私が所属する修道会は日本ではあまり知られていないと思います。

そもそも、善きサマリア人修道会は1857年にオーストラリアで創立され、総本部はシドニーにあります。戦後の1948（昭和23）年に日本での布教が始まり、日本での本部は奈良市でした。会の名称は新約聖書にある「善きサマリア人のたとえ」に由来します。「ルカ福音書」（10章25〜37）に書かれていて、これがわたくしたち修道会の神髄（カリスマとも言います）です。その前に福音書の説明を。

福音とは、幸福の訪れとかいい知らせの意味です。ルカのほかに「マタイ」「マルコ」「ヨハネ」の福音書があり、四福音書と呼ばれています。それぞれ新約聖書の最初に載っています。内容はいずれもイエス・キリストの生涯、教え、そして死と復活を語ったもの。イエスについて少し知りたいなあと思っている方は、ぜひ一度、福音書を手に取ってはいかがでしょう。お薦めしますよ。

善きサマリア人のたとえは、ルカ福音書にだけ書かれています。それはこんなお話です。舞台はイエスの誕生国ユダヤ。その頃のユダヤの律法の先生たちがイエスを囲んで「隣人愛」について議論していました。彼らがイエスに「いったい隣人とは誰のことを言うのですか」と質問すると、イエスは例え話で分かりやすく説明されました。

エルサレムとエリコの国境辺りを一人のユダヤ人が旅をしている道中、追い剝ぎに襲われ、半殺しの状態で倒れていました。うずくまる旅人の前をユダヤ人の一祭司が通りました。でも彼は知らん顔で通り過ぎました。次に同じユダヤの国のレビ族の一人が通りました。彼もまた同胞を見て見ぬふりでした。

そして3人目に通り掛かったのはサマリア人でした。サマリア人は、ユダヤ人と歴史的に対立関係にある民族です。さあ、瀕死のユダヤ人の運命はいかに。

恩讐を超えた隣人愛

当時ユダヤとサマリアは民族間で大変仲が悪く互いに敵対視していまし

た。ですが、このサマリア人は倒れていたユダヤ人の旅人を手厚く介抱します。その上、自分のロバに乗せて宿屋に連れて行って休ませ、費用まで負担したのです。

イエスはこう話し終えてご自分から質問されます。「ひどい目にあった旅人の隣人になったのは誰ですか」と。律法の先生が「傷ついた旅人を助けた人です」と答えると「あなたも同じようにしなさい」と教えられました。イエスは真の「隣人」を問うたのです。人種、国籍、宗教など全ての垣根を越えた「隣人愛」を示されたのです。

「神を愛し、隣人を愛しなさい」という善きサマリア人のたとえの教えを実践するのが、わたくしが所属する「善きサマリア人修道会」です。1948(昭和23)年、カトリック長崎大司教区の山口愛次郎大司教(当時は司教)が、戦後の荒廃からの復興のため修道会に日本への進出を招請。これに応え、オーストラリアからまず6人のシスターが長崎市に来日しました。看護師の資格を持つシスターを中心に、施療院で原爆の後遺症に苦しむ多くの人々を助けました。

その後、山口大司教が女子教育の支援を願い出て、シスターたちは長崎市から同じ長崎県の佐世保市に移り、わたくしが在籍した聖和女子学院中学校・高等学校の設立に貢献したのです。

先の大戦で、オーストラリアは日本の敵国でした。しかし、温かい慈愛の心で恩讐《おんしゅう》を超え、隣人愛を貫いたのです。まさに善きサマリア人のたとえではないでしょうか。

そんなカトリックとはどんな宗教なのか。わたくしの生き方の根本でもあり、本書に深く関わり続けます。

教派の違いを超えて

わたくしが活動するカトリック「善きサマリア人修道会」について説明しましたが、日本人にはカトリックとプロテスタントの違いがよく分からない方も多いようですね。本書に深く関わるので、簡単にご説明します。

イエス・キリストが教え、弟子たちが継承したキリスト教は、歴史の歩みの中でカトリックとプロテスタントをはじめ、ギリシャ正教、英国国教会などさまざまな教派に分かれました。

カトリックはローマ教皇を中心に発展しています。教皇フランシスコが２０１９（令和元）年11月、長崎、広島の爆心地を訪れ核兵器廃絶を訴えたのは、皆さんの記憶に新しいところでしょう。

世界のカトリック信者は約13億人。わたくしが住むフィリピンはスペインの植民地だった影響もあり、人口の約８割がカトリック。日本のカトリック信者はおよそ43万人で、大航海時代にカトリックの宣教拠点だった長崎に多いのです。

プロテスタントの誕生は16世紀、ドイツのマルティン・ルターによる宗教改革がきっかけ。ルターは教会に金を払うことで罪が許される「免罪符」を批判し、改革を唱えました。それを機にカトリックから分かれ、広がった教派をプロテスタントと呼びます。

双方にはいろんな違いがあります。ひたすら聖書の教えを重んじるプロテスタントに対し、カトリックは聖書とともに教皇の教えや言い伝え、伝統も重んじます。毎週日曜日の勤めをプロテスタントは「礼拝」、カトリックは「ミサ」と呼びます。教会で働く指導者はプロテスタントが「牧師」で、カトリックが「神父」「司祭」。牧師は結婚できても、神父は原則として結婚が認められません。

そんな違いはあれど、人々の幸せを願うのは同じ。毎年末、善きサマリア人修道会はかつて日本本部があった奈良市で諸宗教合同の「歳末助け合い運動」に参加します。プロテスタント、神道、仏教など異なる宗教者が共に街頭に並び、わたくしたちにもフィリピンでの活動の浄財を分かち合ってくれます。宗教を超えた援助。前回お伝えした「善きサマリア人のたとえ」のように、これこそ人種や宗教を超えた隣人愛です。

何だか学校の授業のような堅い話が続いてごめんなさいね。もともとカトリックもプロテスタントも、聖書なしの信仰などあり得ません。

ベストセラー、聖書

宗教学の講義のような話が続きますが、お疲れではないですか。もう少しだけ、お付き合いいただけませんか？　皆さま、うなずかれたようなので（笑）

始めますね。今回は世界的ベストセラーの話です。

それは聖書。日本では「読んだことがない」と言う方も多いでしょうね。では簡単に。聖書には旧約聖書と新約聖書があり、「神と人間との約束」が記されています。聖書は諸説ありますが、紀元前におよそ千年にわたって書かれたとされる膨大な書物です。旧約聖書は「創世記」を基に、神による天と地の創造からアダムとイブの誕生、彼らの楽園からの追放。さらにはノアの箱舟やモーゼの十戒なども描かれます。これらは人間の罪と弱さの歴史であり、そんな人間を救おうとされる神の忍耐強い愛の歴史が記されています。

そして新約聖書。諸説ありますが、紀元後30年から100年に著されました。福音史家による四福音書（マタイ、マルコ、ルカ、ヨハネ）が冒頭に来ます。そう、イエスの言行や教え、死と復活の全生涯を伝えたものですね。それに、教会の始まりや発展の歴史を伝える弟子たちの手紙などが続きます。

日曜のミサでは司祭が典礼暦に沿った聖書の箇所を朗読して説教をします。儀式の内容は世界中どこでも同じなのですが、その表現法はかなり異なります。

ここフィリピンのミサには驚かされました。司祭の説教が長いのはさておき、聖歌の合唱がとにかく派手なのです。笛に太鼓にシンバルまで打ち鳴らし、そのにぎやかさといったら、こちらまで楽しくなるほどです。また、ある教会には怒りのキリストの絵があります。眉をひそめ怒った表情のイエスは、砂糖労働者が資本家から搾取し続けられた不正義に対する怒りを表しています。

暑いからって、わたくしどもの教会にエアコンなんてありません。その代わり建物の左右は壁がなくて柱だけなので、風がよく通ること。熱帯の気候に適した開放的な建物の造りです。東南アジアならではですね。考えてみれば、3密を避ける新型コロナウイルス対策にもぴったりです。コロナ禍に南国建築の良さを見直しました。

さて、宗教を巡る基礎講座はここまで。次はわたくしの生い立ちを話したいと思います。90年前にタイムスリップしますよ。では、ごめんくださいい。

Ⅱ　生い立ちと戦争

弘法大師空海にちなんで

皆さま、ごきげんいかがですか。わたくしが暮らすフィリピン・バコロドの町は2020（令和2）年現在、新型コロナウイルス対策で、厳しいロックダウン（都市封鎖）の下にあります。外出して人と出会ったり、町の空気を吸ったりするのが好きなわたくしですが、ほとんどの時間、修道院にこもっております。

ただ、何事も考え方しだいですね。ゆっくりいろんなことを思い出すのにはいい機会かもしれません。遠い昔のわたくしの出生について話しましょう。「ごにじゅう（5×2＝10）」。皆さんそう言って九九を覚えたことがあるでしょう。わたくしの誕生日は昭和5（1930）年2月10日。とっても覚えやすい日なのです。

わたくしは東京で景山準吉と昌の次女として、9人きょうだいの3番目に生まれました。父は逓信省の役人。母は専業主婦として子だくさんの家を切り盛りしていました。

住まいは高輪という閑静な場所にありました。実家はもう売却しましたが、いわゆる高級住宅地と聞いています。当時は近くに複数の宮家のお屋敷があり、それに比べるとわたくしの家は小さなたたずまい。「門番の家」と家族みんなで笑っていました。

「ひろ」という平仮名の名前ですが、弘法大師空海の「弘」から取ったと名付けた父から聞きました。真言宗の開祖の1文字が名前の由来とは、子ども心にも光栄に感じていました。そして弘法大師のように立派な人にならなくてはと。

ちなみに姉妹6人は上から、あき、ひろ、のり、せう、ゆう、ふみ。当時の女の子に多かった「子」の字は誰も付きません。父に尋ねると「昔は、子は偉い方だけが付けた字だ」と言われました。男の兄弟は兄1人、弟2人の3人です。

通ったのは、都内の聖心女子学院でした。これも父が決めました。娘は全て聖心に行かせるのだ、と。姉の就学前、父は1年間の出張でフランスにいました。そこで触れたカトリックの文化に深く感じるところがあり、聖心を強く薦めたのです。

聖心はフランスが源流でカトリック系の学校。幼稚園、小学校、女学校、専攻科、大学、さらに大学院と、姉から一番下の妹まで6人が長い期間、お世話になり、景山家にとって大切な学びやでした。やがて皆が洗礼を受けたのも自然の流れだったかもしれませんね。

父の言葉「子どもが財産」

東京・高輪の家は北白川宮家、竹田宮家などの大きな屋敷に囲まれていました。景山家は小さな家でしたがそれでも比較的裕福だったのでしょうか。お手伝いさんや病弱な四女のため看護師の資格のある家政婦さんも雇っていました。

家の書棚には論語から始まり、文学全集、歴史書、俳句誌などかなり幅広いジャンルにわたる父の書籍がありました。病気して学校を欠席すると、その中から好きな本を選んで読めることが楽しみでした。

普段は学校から帰宅後はきょうだいそろって勉強、終われば母の手伝いというのが父の指示でした。それでも、塾もテレビゲームもない時代。ほとんどど毎日、近くの森村学園の校庭で遊具を拝借し、暗くなるまで遊びを満喫しました。あの楽しかった記憶は90歳の今も鮮明です。本当にいい時代だったんですね。

父は戦前、逓信省の役人で特別な財産もないのに、父一人の働きできょうだい全員が大学を卒業できたわけですので、当時の役人の給料はそんなによかったのかしら、と今でも不思議でなりません。そうそう、「9人の子どもたちが財産」と父が言っていたのを思い出しました。

そんな優しい父は週末、兄、姉、わたくしの年長の3人を上野動物園をはじめ美術館や博物館、天文台に連れて行ってくれました。さらには映画やゴルフも。まさに子煩悩というのでしょうか。必要に応じて勉強も教えてくれました。

ホトトギス派の俳人として俳句も詠み、多彩な努力家でした。明治男ですが、怒ってちゃぶ台をひっくり返すようなことはなく、娘たちに手を上げることもありませんでした。いや、一度だけそれらしきことがありましたね。聖心女子学院では小1から英語の授業があり、小2のときに父から特訓を受けていて、わたくしの覚えが悪かったのでしょう。手をたたかれました。

すぐ父は反省したようです。「ああいうことはやってはいけなかった」と話していたのを母から伝え聞きました。ただ、直接には何の謝罪の言葉ももらっていませんが（笑）。

そして父以上に優しく、声を荒らげることすらなかったのが母です。

にぎやかな大家族

母は父を陰で支え、家族のために自己犠牲をいとわない人でした。

その母の偉大さを知ったのは、戦後食料不足で誰もが四六時中ひもじさを我慢していたころ。わが家でさあみんなで食事をいただこうと箸をつけようとしたとき、親戚の者が来ました。一瞬みんな「どうしよう」と困惑しました。あるだけの食料をみんなで分かち合っていて、余分な食べ物など全くないのです。

ところが母は静かに手早く自分の分を提供し、子どもたちに何の心配も与えませんでした。母は何も食べられなかったでしょうに。子ども心にも「お母さまは偉いなあ、すごいなあ」と深く感心しました。そのときの食卓の光景は、75年たった今も覚えています。

父と母の出会いは大学時代。父は東京大の学生で、そのときの学友の妹が母でした。母は当時、日本女子大学校に在学中でしたが、中退して結婚しました。だから「きっと恋愛結婚だったのだろう」というのが、わたくしたちきょうだいの臆測なのですが…。

父から口癖のように言われたのが「社会のために尽くしなさい」。一生懸命勉強するのも将来、人々の役に立つため、と言うのです。それでわたくしは姉、あきと共にシスターの道、修道生活を選びました。今はここフィリピンで宣教していますが、「父から託された思いを果たせているか」と自問自答します。

それほど父と母は大きく素晴らしい存在でした。2人の子として生まれたわたくしは本当に幸運でした。そう迷いなく言えます。

そしてわたくしが小さいころ、いつもくっついて回っていたのが姉です。姉は修道女から教育者となり、さらには作家となりました。「景山あき子」のペンネームで、カトリック系の児童文学作品を何冊も出版しております。

そんな姉はわたくしにとってずっと憧れの存在です。彼女からも、学ぶべきものがたくさんありました。その話はまたいつかさせてください。

このにぎやかな大家族での生活は本当に楽しかったのですが、一時、固い絆が分断される暗い時代がありました。わたくしと同世代の方にとっては、忘れられない記憶でしょう。

ああ、軍靴の音が聞こえてきましたね。太平洋戦争です。

東京大空襲、そして疎開

2020（令和2）年は戦後75年の節目でした。コロナ禍の中で同年8月、終戦記念の式典がありました。広島、長崎両原爆の日の式典の国際放送をフィリピンで拝見しましたが、本当に遺族の方々の高齢化が進んでいますね。いろいろと思いを巡らせ、恒久平和を祈りました。

戦時中のあの時代は、昭和一桁世代の方には苦い記憶として刻まれていることでしょう。青春を謳歌したはずの楽しい時期を、戦争に奪われたのですから。

わたくしが通った聖心女子学院にも、1941（昭和16）年、太平洋戦争に突入すると、軍部が介入してきました。連合国出身のシスターたちは帰国か収容所送りに。シスターたちが2台の大きなバスに乗り込み、学校を後にしたのを覚えています。

学校の近くの工場で、わたくしたちは勤労奉仕をしました。授業数は減り、特に英語は敵国語として科目から外されました。わたくしたちが大好きだった聖心女子学院は、もはや学びやではなくなったのです。

どの家でも防空壕を掘り、警戒警報のたびに防空頭巾をかぶり、壕に飛び込みました。当時父は逓信省を辞め、一般企業に勤めていました。東大生の長兄はエンジニアの卵。幸いに2人とも召集を免れましたが、戦況は悪くなるばかり。そして1945（同20）年3月10日。東京大空襲で首都は火の海になりました。わが家は奇跡的に無事でしたが、残ったのは廃虚の街。10万人以上の尊い命が奪われたのです。何ということでしょう。

日本の劣勢は15歳のわたくしでも感じていました。東京は危険だと、疎開することに。3月末、父と長兄、長姉を東京に残し、わたくしと母、妹4人と弟1人と家政婦さんの計8人は、水戸市へ向かいました。父の逓信省時代のつてで、現地の郵便局長さんの官舎を間借りして住むのです。わたくしは聖心女子学院から茨城県立水戸高等女学校に転校しました。

疎開先の水戸は見知らぬ土地でしたが、「お母さまがいれば心強い」と頼みにしていました。ところが数カ月後、予期せぬ事態が。妹3人と弟が百日ぜきにかかったのです。主治医のいる東京へと、母と家政婦さんが4人を連れて急きょ戻ることになりました。当時15歳のわたくしとすぐ下の12歳の妹は学業のため、水戸に残ることに。姉妹2人だけの心細い生活が始まりました。

ひそかに受けた英語レッスン

心細い顔をする妹を姉として励まさないと——。母たちと離れ、水戸に残ったわたくしの気持ちは張り詰めていく一方でした。

わたくしは当時15歳。懇意にしていた農家のお宅に伺っては野菜や米、麦などを頂いて、何とか食をつなぎました。通っていた県立水戸高等女学校（県女）では地元の生徒さんのお弁当は白米ですが、わたくしと妹のお弁当は麦ご飯か芋。ずいぶんひもじい思いをしました。このつらさ、同世代の方はお分かりですよね。

ただ、こうした粗食は今に生きているのかもしれません。麦なんて今や健康食として薦められています。現在もフィリピンで粗食の一汁二菜の生活です。これが90歳まで元気でいる長寿の秘訣《ひけつ》かもしれません。

女学校では授業を受けた記憶は全くありません。学校は兵器工場になっていて、わたくしたちはもんぺ姿で毎日働きました。勤労奉仕です。疎開前に通っていた聖心女子学院と同じ、暗い日々でした。

あっ、でも一つだけいいことがありました。教頭先生は聖心の英語教育にご理解がある方で、県女の英語の先生が個人授業の形で教えてくださいました。当時英語は敵国語でご法度でしたが、始業前の静かな校庭の一角で、ひそかにレッスンを受けていました。「教科書」は今でも覚えています。英国の作家ダニエル・デフォーの「ロビンソン・クルーソー」です。英語好きのわたくしには、本当に大切なひとときでした。

ただ、10万人以上が亡くなった3月の東京大空襲以降、全国各地で空襲が激化していました。非戦闘員の女性、お年寄り、子どもたちが次々と犠牲となりました。九州でも鹿児島や福岡、熊本、そしてわたくしの第二の故郷となる佐世保など、多くの街が焼夷弾の炎に包まれました。

この年の夏ごろになると水戸でも毎晩、警戒警報や空襲警報が鳴りました。いつでも行動できるように普段着のままで床に就きました。「空襲が来たら決して消火作業などせず、すぐに農家のお宅に逃げ込むこと」と母に諭されていました。水戸の中心街を離れると少しでも安全だからです。

8月2日未明。母の言葉が現実となりました。

悲惨な空襲、衝撃の体験

1945（昭和20）年という年は、わたくしにとって生涯忘れられない年です。これを読んでいらっしゃる戦前、戦中派の方々もそうだと思います。わたくしは特に8月2日という日が忘れられません。

15歳のわたくしと12歳の妹が2人きりで疎開していたのは、茨城県の水戸市。近隣に軍事工場などがあったので、「水戸もやがて米軍のB29の標的になるだろう」との風評が広まり始めていました。

昼間の勤労奉仕の疲れでぐっすり眠っていた未明のこと。「お姉さま！お姉さま！」と妹に起こされました。敵機襲来。外を見ると、既に水戸の中心部の空は真っ赤に染まり、煙が立ち上っています。まさに火の海。これが米軍のじゅうたん爆撃の猛威でした。

ちゅうちょすることなく枕元に置いていた救急袋を肩に掛け、防空頭巾をかぶります。そして妹に「決してお姉さまの手を離さないこと」と強く言い聞かせると、あとは一目散です。目指すのは近くの防空壕ではありません。「いつもお世話になっている郊外の農家に逃げること」――。以前聞かされていた母の教えに従ったのです。

街中とは反対の郊外の方に、空襲を避けながら、暗い野道をひたすら走りました。すると、ごう音を鳴らしながら、敵機が右から左から後ろから襲ってきます。とっさに地面に伏せて、やり過ごしました。

それからは走っては伏せ、伏せては走りの繰り返し。一瞬のうちに周囲の状況を判断し、速やかに行動しなければなりませんでした。そのときの心境を表現すれば、まさに無我夢中。心の中でこう強く自分に言い聞かせました。

「絶対に死んでは駄目」

伏せた状態から立ち上がると、防空頭巾のひもから炎が既に体に回っている男の子の姿が目に飛び込んできました。伏せたまま立ち上がれない人がいます。音を立てて焼け落ちる家屋…。悲惨な光景を置き去りにして、「死にたくない」の一心で走りました。爆撃のたびに閃光《せんこう》が放たれる闇夜の中、わたくしと妹は「生」を目指して懸命の逃避行を続けたのです。

あんな衝撃的な一日はわたくしの長い人生でもほかにありません。フィリピンで生活する今もあの逃避行の情景がよみがえります。同じ体験をされた方は、今のうちにぜひ子孫に語り残していただきたいと願います。

死線を越えて

1945（昭和20）年8月2日未明、15歳のわたくしと12歳の妹を襲った「水戸空襲」。市の資料によれば、米軍爆撃機B29による約1時間45分にわたる空襲で投下された爆弾は約1145トン。市街地のほとんどは焦土と化し、死者は300人を超えました。

死線を越えて、何とか郊外の農家にたどり着いたわたくしと妹は、疲労困《こん》憊《ぱい》でした。ですが、奇跡的にけがもなく、生き延びることができました。

翌日、疎開先の官舎は丸焦げになったと伝え聞きました。つくづく、母の言い付け通り、郊外へ逃げて良かったと思いました。

家を失ったわたくしと妹は、空襲で焼けた建物のくすぶる臭いを嗅ぎながら街中に立っていました。家だけでなく食料も衣服も一夜で失い、着の身着のまま。水戸空襲を東京の両親も知り、さぞ心配していることでしょう。でも、わたくしたちが生きていることを知らせるすべは皆無。通信は全て不通でした。

「とにかく帰郷しなければ」

わたくしは行動を起こしました。早速なすべきは半焼した茨城県庁の前で、罹《り》災《さい》証明書を受け取ること。それを見せて切符を入手し、東京に帰るのです。

思えばこの経験はつらかったけど、わたくしの人生に大きなプラスになりました。「人間は何もなくても、しばらくは生きていける」という不思議な信念が植え付けられたのです。

路面電車のレールがぐにゃりと曲がっていたのを覚えています。罹災証明書を手にして訪れた国鉄水戸駅は、空襲のせいでほとんど機能を果たしていませんでした。1日に何本か常磐線の上野行きが通るとのこと。ただ、実際は列車も来ないし、切符も手に入りません。駅前をうろうろしていたのを記憶しています。

2人分の切符が手に入ったのは8月5日。わたくしと妹はいつ来るかも分からない上野行きの列車を待ちました。やっと到着した列車は鈴なりの満員。窓から車内に押し込んでもらいました。その日は空襲もなく上野駅で乗り換え、品川駅に着きました。今なら特急で1時間20分ほどですが、確か6時間かかりました。

駅を出ると高輪に向け、あとは緩やかな坂を上るだけ。夕方前に自宅に着き、両親に迎えられたときは心底ほっとし、深い喜びに満たされました。両親も同じ気持ちだったことでしょう。

玉音放送

命からがら東京の実家に戻った途端、わたくしは高熱を出して寝込みました。15歳の身で12歳の妹を励ましながら、あれだけの逃避行をしたのですから、相当の疲れがたまっていたと思います。何よりも、ようやく両親の元に戻れたことで張り詰めていた緊張の糸が切れたのでしょう。

間もなく、これまでにない強力な爆弾が広島市に落ちたと家族から聞きました。3日後には、長崎市にも同じような爆弾が落とされました。それが人類史上初の原子爆弾だったと知ったのはしばらく後のこと。犠牲になったのは、数知れぬ市民の尊い命でした。

そして終戦。8月15日、日本の敗戦を伝える玉音放送をラジオで聞きました。こんなことを言っては失礼かもしれませんが、わたくしは悔しさよりも、ほっとした気持ちでした。これで自由になれる——。そう思ったのです。

周囲には「米国が本土に上陸したら、私たちは皆、切腹しなければならない」と言う人もいましたからね。終戦により、もう切腹することはない、勉強もできる、学友と遊べる。何より家族と一緒にいられる。それが偽らざる本心でした。

ただ終戦後は、非常にひもじかったですね。戦時中よりも食べるものがありません。特にわが家は9人きょうだいです。配給ではとても足りません。闇市にも行かないわが家では、せめてものおなかの足しにと、庭にサツマイモや小松菜を植えたのを覚えています。

この年の冬の寒さも厳しかったこと。暖房もなければ、衣類も不足。東京都内では餓死者も出ました。

この大戦での日本人の戦没者数は300万人超とされています。異国の地で亡くなった若い兵士の中には、飢えで死んだ人も数えきれません。空襲では罪のない子どもたちまで明日への夢を閉ざされました。皆さんにも、さかのぼれば、ご家族や親戚にそのような運命をたどられた方がいらっしゃるのでは。

犠牲になった方々のためにも、しっかり生きたい気持ちは強くなりました。だからこそ、自由を謳歌し、勉学にいそしみたいと思いました。わたくしはその年の秋、聖心女子学院に復学しました。

反戦への思い

フィリピンに住むわたくしは、日本からの国際放送で、街の様子や美しい自然を見るのが楽しみです。こちらの常夏の気候とは違い、日本には季節の移ろいや気候の変化がありますね。

さて、終戦までの話をしました。振り返ると、戦時中のわたくしたちは喜怒哀楽の表情を表すことが非常に少なかったですね。感情の喪失、とでも言いましょうか。「欲しがりません、勝つまでは」と勤労奉仕で武器の部品を作らされ、好きだった英語は敵国語として禁止に。そんな日々を送るうち、喜びや悲しみの感情がなくなったのですね。

大切な家族が戦死しても、お国のために死んだと喜ばなければならない苦しさ。本当は悲しくて泣きたいのに、一粒、二粒の涙を流すことさえ許されない時代でした。そんな時代をくぐり抜けた皆さんは、わたくしと同様、こう痛感したのではないでしょうか。

戦争は絶対にしてはいけません！

15歳だったわたくしは戦時中も生きることだけ考えていました。終戦でようやく、考えること、話すことの自由が手に入ると、社会の空気が一変しました。これで皆が誰にも気兼ねせず、生きていけるのです。

ただ、東京は悲惨な状況でした。四方八方が焼け野原。白衣姿の傷痍軍人さんや、親を失って靴磨きをする戦争孤児たちを街でよく見掛けました。四六時中、食料不足でひもじさに明け暮れる日々。復興は速やかには進みませんでした。それでもわたくしたちは将来に希望を託したのでした。

幸いにも東京大空襲で焼失を免れた景山家の高輪の家には、両親やきょうだいがそろい、いつものにぎやかな生活が戻りました。わたくしが復学した聖心女子学院には、連合国出身のため収容されたり帰国を命じられたりしたシスターたちが帰ってきました。英語の授業も再開され、うれしかったですね。

そしてわたくしは1946（昭和21）年6月27日、「第2の誕生日」と言える日を迎えます。その後の自分の価値観に大きな影響を与える出来事でした。そのお話は次章で。では、ごめんください。

ネグロス島の山奥にあるチャペルにて

ネグロス島農村開発研修センター

フィリピンにて農作プロジェクトを見学

フィリピンの教会で、神父様と懇談

山岳地帯の教会に建設中の集会所にて

12 17'95

給食プログラム

道がぬかるんで動けなくなった乗り合いタクシーを水牛が引っ張ってくれた

幼い頃の家族写真。尊敬してやまなかった母と

家屋が焼け落ちた空襲後の水戸市内（水戸市立博物館提供）

友人たちとの思い出写真（1951-1952）

長崎への旅で島原を訪れる

at Shimabara in Kyushu. 1951. Spring.

aki.

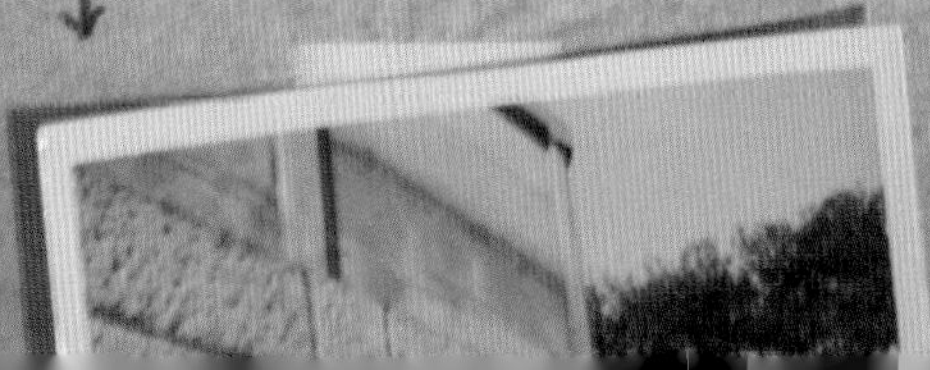

2013/09/15

2013

you guess who they are ?
3 years old Hiro
4 and six months Aki.
elder sis.
After 18 years.
Last night of College life.
HIRO
AKI
my sister

3歳の頃と大学生の頃、長姉あきと

Ⅲ

復学と受洗、そしてシスターへ

第2の誕生日

皆さま、ごきげんいかがですか。わたくしは終戦直後の1945（昭和20）年秋、東京の白金にある聖心女子学院に復学します。そして翌年、洗礼を受けることになるのですが、もともとわが家は浄土宗でした。

母はよく仏前で美しい声でお経をそらんじていました。月に1回は本家に親戚が集まり、住職さんの読経がありました。わたくしの名前「ひろ」が、真言宗の開祖、弘法大師の「弘」を拝借して父が名付けたのは、話しましたね。それほど熱心な仏教徒でした。

そういうわけで、わたくしはカトリックのシスターになった今でも、仏教に関する書籍を読んでいます。仏教はわたくし自身の哲学、道徳の根底になっているのです。

そんなわたくしが洗礼を受けたのは、カトリック系の聖心で小1から、フランスで設立された修道会「聖心会」のシスターたちと生活を共にしたのが刺激となったのだと思います。

仏教の教えの下に生きてきたわたくしが、カトリック教徒になるべきか。

自分なりに思考を重ねました。その末にカトリックと仏教の教えが対立したり、矛盾したりしてはいないと確信したのです。当時16歳。全く純粋な思いでした。

洗礼を受けると決心し、父に相談すると「あなたが幸せと思うなら」と承諾してくれました。

洗礼式は6月27日午後、校内の静かな聖堂でありました。同じ考えだった長姉あきやほかの数人の方も一緒でした。イエズス会の神父さまが「私は父と子と聖霊のみ名によって、あなたに洗礼を授けます」と唱え、わたくしの頭に水を注ぎました。この儀式によりわたくしは聖霊を与えられ、教徒となったのです。

神父さまがキリストの教えの要点を説諭され、白いベールをくださいました。キリストがわたくしたちの人生を照らしてくださるという意味で、ろうそくも頂きました。

わたくしの洗礼名はマリアソフィア。74年前の遠い昔ですが、鮮明に覚えています。第2の誕生日ですから。この日からわたくしは神から愛される子を目指して、日々を生きていくのです。その後、妹や弟たち、そして両親もカトリックとなりました。

生まれ変わったわたくしは、1948（昭和23）年、学制改革で設立された聖心女子大（東京）に第1期生として入学しました。そこで後世に名を残す学友たちと出会うのです。

女性の自立説く学長

わたくしの大学時代を話しますね。

1948（昭和23）年、学制改革によって、新しく発足した聖心女子大に1期生として入学しました。系列の聖心女子学院の専門学校を卒業した長姉あきも一緒です。

同期は30人ほどでした。ほとんどが年上の方で、わたくしは後をついて行く感じでした。

キャンパスは東京都心の広尾の小高い土地にありました。旧久邇宮《くにのみや》邸で、香淳皇后（昭和天皇の皇后）が若い頃、過ごされた場所です。校舎は、焼失を免れた旧久邇宮邸御常御殿《おつねごてん》と、米軍払い下げの数戸のかまぼこ形の兵舎でした。授業はふすまの間仕切りで行うこともありました。あの頃は和洋折衷が多かったですね。御常御殿のことを「パレス」とか「久邇ハウス」と呼んでいました。

初代学長はマザー・エリザベス・ブリット。この方にも大きな影響を受けました。シスターとして戦前、日本で活動していましたが、戦時中は米国に帰国。戦後、戻ってきてくださいました。当時としては実にリベラルな方で、リーダーシップも備わっていました。眼鏡を掛け、知的で優しさのある方です。

こんな言葉を思い出します。もちろん英語ですよ。

「仕事は複数こなすこと。一つだけでは駄目。忙しい人に仕事を任せよ」
「自主的であれ、知的であれ」
「お鍋を磨くだけの女性になってはいけない」
「あなたがたは、社会のどんな場所にあってもその場にともしびを掲げる女性となりなさい」

全てが女性たちの社会的自立を促すメッセージでした。マザー・ブリットは女性がどうあるべきかを教え、さらに自由と規律の大切さも伝えられたのです。

復興が徐々に進んでいたとはいえ、まだ物資不足の時代。制服は米軍女性の制服の払い下げでした。これも学長のアイデアです。カーキ色でした。

聖心は英語教育にも熱心で、連合国出身者や帰国子女もいました。帰国子女の中に、マザー・ブリット流のリーダーシップを遺憾なく発揮される年上の方がいらっしゃいました。中村貞子さん。結婚して姓が変わり、国連に関わる仕事を続け、難民支援で世界的な活躍をされました。わたくしが尊敬する方です。次はその緒方貞子さんのエピソードをご紹介します。

緒方貞子さん

1948（昭和23）年、新制大学として開校した聖心女子大には、校舎建設費や運営費が不足していました。わたくしたち1期生はわずか30人でしたが、自治会の活動は非常に活発でした。校舎の建設に自分たちも何かできないかと資金集めに奔走しました。

冬の寒い中、街頭に立って募金活動もしました。極め付きは、進駐軍から譲ってもらった米国のスポーツカー、シボレーを景品にしたくじの販売です。これが校舎の建設費に役立ちました。それにしても、当たった方はさぞやうれしかったでしょうね。当時、外車なんてほとんど見掛けませんでしたから。

こうした活動を引っ張ったのが、自治会会長の中村貞子さん、後の緒方貞子さんです。貞子さんは曽祖父に犬養毅元首相を持ち、幼少期、米国や中国で生活していた帰国子女。とてもリーダーシップのある方でした。演劇部に所属し、英語劇のせりふの指導を受けたこともあります。卒業したときお祝いとして卒業生全員をご自宅でのパーティーに招いてくださったのは懐かしい思い出です。

貞子さんは卒業後、米国に留学。結婚して中村から緒方に姓が変わりました。国内の大学で教えた後、日本人初の国連難民高等弁務官として難民支援を指揮されました。

わたくしが長崎県佐世保市の聖和女子学院に勤めていたとき、「貞子さんがノーベル平和賞を受賞されるのではないか」との予測が出て、地元のマスコミに取材を受けました。結局はそうなりませんでしたが、わたくしにとって立派な方に変わりありません。小柄な体で、重い防弾チョッキを着け、世界の難民キャンプを飛び回っていた映像を覚えている方も多いのではないでしょうか。聖心女子大初代学長のマザー・ブリットがわたくしたちに求めたのが「女性の自立」でしたが、それに応じたかのような人生。日本人女性の国際社会進出の先駆けでした。

貞子さんをはじめ1期生は卒業後、さまざまな分野で活躍しました。イタリア文学者の須賀敦子さんは、みずみずしいエッセーの名手でした。わたくしと同じ信仰の道をたどったのが渡辺和子さん。カトリックの観点から日々の思いをつづった本はベストセラーとなりました。それはそれは、品のある方でした。次はその和子さんの話です。

置かれた場所で咲く

この本をご存じでしょうか。「置かれた場所で咲きなさい」。渡辺和子さんが、幸せになるための心構えをつづった内容で、200万部を超えたベストセラーです。軟らかい文章に深みのある言葉が刻まれています。

わたくしの言葉遣いが丁寧とよく言われますが、和子さんとは比較になりません。聖心女子大時代、一つ一つの所作がきれいで、「ごめんあそばせ」などと発する言葉、いえ、お言葉も美しく上品でした。わたくしたちは和子さんのことを敬意を込めて「小笠原流のおばさま」とひそかに呼んでいました。武家の礼法「小笠原流礼法」にちなんだものです。物腰に育ちの良さがにじみ出ていました。

その和子さんは幼少期、大変、つらい経験をされました。お父さまは、1936(昭和11)年の二・二六事件で凶弾に倒れた渡辺錠太郎旧陸軍教育総監。私邸で殺害され、当時9歳だった和子さんは、押し入れに隠れてふすまの隙間から父の凄惨な最期を目撃したと聞きました。

そんな過去を持つ和子さん。母子家庭となった一家の生活は楽ではなかったことでしょう。学費に充てるため、在学中に、家庭教師や上智大で英文タイプのアルバイトをされていたのを覚えています。それでも学業をきちんと修め、とにかく何でもできる方でした。

卒業後はわたくしと同じカトリックのシスターに。まだ36歳の若さで岡山市のノートルダム清心女子大の学長になりました。信仰に学校運営にと、わたくしと似た人生ですね。後に、わたくしが長崎県佐世保市の聖和女子学院の理事長時代、学校運営で困った際には、相談相手になっていただき、本当に助かりました。その話はいつかしますね。

和子さんの本のタイトル「置かれた場所で咲きなさい」の意味を考えてみましょう。立場や環境がどうであろうとも、一生懸命に生き、そこで幸せの花を咲かせよう――。多くの人に元気と勇気を与える教えです。

和子さんはいつもきれいなお言葉と振る舞いで、わたくしたちの尊敬の的でした。今もあの優雅な物言いを思い出します。

決心

聖心女子大での大学生活は、わたくしにとって充実した毎日でした。

1950（昭和25）年、最終学年に入り、自分の進路をどうするか考え始めました。

父の勧めもあり、結局は大学院に進むことになるのですが、その先の人生の進み方まで決めようと思っていました。まず心に浮かんだのが、自分が育った家庭のような子だくさんで楽しい家庭を築くこと。いい妻であり、いいお母さんですね。夫を陰で支え、9人の子を養ってきた母のような良妻賢母になることもいいなと考えました。

ところが、この年に校内で開かれた「黙想会」がわたくしの進路を大きく変えたのです。黙想会とは修道者や信徒が日常を離れ数日間、沈黙のうちに聖書などから神の言葉に心を向け、神の恵みを祈る会のことです。日常から離れて静かに自分を振り返り、神と対話するのです。

その黙想会で学生時代を振り返りつつ思い浮かんだのが、小学1年生から毎日お世話になった多くのシスターたちの姿でした。生徒に対しての関係性では、学問を教える先生という立場にとどまらず、生徒に全てを尽くしてくださいました。そして神へ祈りをささげ続ける姿に引かれました。

この後のわたくしは、より心を込めて神に祈り、将来について真剣に考えるようになりました。神に問い、人生に深い経験のある方にも「わたくしの人生についてどちらがよいと思われますか」と尋ねました。

そして導いた結論は、修道者の道を歩むこと。父やマザー・ブリットから異口同音に「社会に役立つ人間になりなさい」と言われていたことが後押しになりました。この決心を父に伝えると、承諾してくれました。同じ聖心女子大の同級生、長姉のあきが修道女になる決心をしていたことも、心強かったです。

わたくしは結婚して家庭に入ろうと考えた時期もありましたので、家には縁談の話も舞い込んだようです。でも、わたくしの意志を知っていた母が、やんわりと断ってくれました。

決心すれば道は開けるものですね。シスターになると決めたわたくしは卒業直後、姉と友人と3人で旅行することにしました。目的地はカトリックの街、長崎。ちょっとした巡礼の旅というのでしょうか。そこでまた、新たな道が用意されていました。

長崎への旅

わたくしは大学の最終学年で修道者の道へ進むことを決めました。ではどの修道会に入ればよいか。これは迷いました。

修道会とは、修道生活を送る信者たちの共同体のこと。カトリックにはたくさんの修道会があり、医療や教育、福祉など重んじる活動分野は異なります。同じくシスターとなる長姉あきがどの会に入るのか、わたくしは気にしていました。姉には小さなときからずっとくっついていましたからね。でも、やっぱり信仰や人生の道は自分で決めなくてはいけません。わたくしは逡巡《しゅんじゅん》しておりました。

1951（昭和26）年、卒業式を終えたわたくしと姉と友人の3人は、長崎へ旅に出ました。今で言う卒業旅行です。3月末まで大学の学籍があったので学割が利用できました。汽車に長時間揺られ、門司から船に乗り換えて、カトリックの宣教拠点だった憧れの街、長崎に着きました。

宿泊は現地の修道会にお世話になり、大浦天主堂や浦上天主堂を巡りました。さらには原爆で被爆し「長崎の鐘」などの著書で知られる医師、永井隆先生がご存命で、先生の住まいの「如己堂」も訪問させていただきました。

そして、わたくしたちが出会ったのが「善きサマリア人修道会」のシスターたちです。以前、申しましたが、彼女たちは1948（昭和23）年、オーストラリアから宣教のため来日しました。

当時は物資が不足。現地の迷惑にならぬよう「生活の全てを自給できるなら渡日してよい」との日本政府の意向に応じ、机、ベッド、祭壇、オルガンから洗剤に至るまで持ち込んだのです。物が豊富な今の日本では考えられませんね。貨物船「チャンギ丸」で、台風に遭いながらも1カ月かけて到着しました。

シスターたちは日本語習得の傍ら、原爆症に苦しむ市民のために施療院で働いていました。修道院で1時間ほどの短い訪問でしたが、苦しみを少しでも和らげようと、かいがいしく働くシスターたちの活動に大きな感銘を受けました。

旅を終え東京に帰ったわたくしは善きサマリア人修道会と手紙でやりとりを始めました。ただ、この会は日本での活動歴が少なく、日本人シスターもいませんでした。周囲の人々は入会を勧めません。でも、こうと決めたら一筋に進むのがわたくしなのです。

白亜の校舎

長崎への巡礼の旅が、わたくしを未来へと導きました。カトリック「善きサマリア人修道会」への志願です。わたくしが日本人入会者第1号となりました。

この修道会は、ポールディング大司教が創立者で、オーストラリア・シドニーに本部があります。活動目的は、以前申しました「善きサマリア人のたとえ」の教えの実践です。覚えていらっしゃいますよね。人種や宗教を超え、困った人には誰にでも手助けをし、それをずっと実践する——。今のわたくしのフィリピンでの活動もその一環です。

入会すると志願期と修練期などを経験し、これをクリアしなければ一人前のシスターにはなれません。志願期とは会の共同生活を体験し、活動を知る第1段階です。わたくしの志願期の場は、1953（昭和28）年に開校する長崎県佐世保市の聖和女子学院になりました。ですが、その前にわたくしには父からの宿題が残っていました。

前々回、父の勧めで大学院に進んだとお伝えしましたね。「戦時中は十分に勉強していないので、もっと勉強し、その成果を世の中に生かしなさい」と父は言いました。わたくしは母校の聖心女子学院で1年間、生徒に個別に英語を教えた後、聖心女子大大学院で英国史を専攻しました。

2年間の修士課程を終え、晴れて聖和女子学院にやって来たのは1954(昭和29)年の春。国鉄佐世保駅に降りたわたくしを、シスターや校長先生、代表の生徒が温かく迎えてくれました。

学校は創立2年目。「丘の上に木造の白亜の校舎が日々完成する様子を、街から胸をときめかせ見ていました」と、1期生たちが教えてくれました。そんな白亜の校舎で、わたくしは教師として社会や英語、宗教などを教えながら、先輩シスターから修道生活について学びました。ただ、修道院がまだ建っていなくて、志願期のわたくしたちの宿泊先は教室でした。もう1人の日本人とオーストラリア人の宣教看護師の3人で、広い教室をついたてで仕切り、暮らしました。

そんな生活が1年間。さあ、これから本格的な教師生活の始まり……とお伝えしたいところですが、わたくしは佐世保を一時去ります。志願期を終え、カトリックや修道会の歴史、霊性をより深く学ぶ修練期を迎えるのです。向かったのは本部のあるオーストラリアです。

オーストラリアへ

1955（昭和30）年6月。わたくしは機上の人となりました。「善きサマリア人修道会」の本部のあるオーストラリアのシドニーに向け、羽田を出発。シスターになるための、修練期を過ごすのです。

初めての海外。家族が空港で手を振ってくれたのを覚えています。就航したばかりのカンタス航空の機内には、日焼けした日本人の男性たちが乗っていました。話を聞くと、オーストラリア北部準州のダーウィンと西オーストラリアのブルームは養殖真珠の生産が盛んで、そこで働くとのこと。戦前から日本人の潜水技術は高く評価されていましたが、戦争で派遣は中断。それでも、日本人の技術は再び必要とされたのです。遠い異国の地で同胞が立派に活躍していることに胸がいっぱいになりました。

わたくしも異国での新しい生活です。修道会のシドニーの本部に着き、2年間の修練期がスタートしました。本部から少し離れて修練院があり、1期生、2期生合わせて約30人の共同生活です。部屋にはカーテンと壁の代わりに板の間仕切りがあり、プライバシーは保たれていました。

志願期から大きくステップアップし、修練期はさまざまな勉強に加え、シスターになるための心構えや生活方式を習います。学びの内容はより深くなり、使う言葉はもちろん英語だけです。聖書をはじめたくさんの霊的な書を読みますが、中でも聖ベネディクトの戒律の勉強が核でした。聖ベネディクトの教えは、端的に表すと「祈りかつ働け」。その教えの通り、私は日々、勉学に励みました。

修練院にはミカンの林がありました。のどかで、狭い日本ではお目にかかれない広大な土地。まさに大陸でした。日本人はわたくしただ1人。オーストラリアの人たちは月1回家族との面会が許されましたが、わたくしは故郷へ手紙を月1回送るだけ。ホームシックになりそうと思われるでしょうが、それほど日本が恋しくなりはしませんでした。やはり自分が選んだ道だったからでしょう。

今のフィリピンでの宣教生活も、コロナ禍で大変ですが、これがわたくしの生きる道です。ここでも父の言葉を思い出します。

「自分自身が幸福でなければ、人に幸福を与えることはできない」

オーストラリアで神に仕える修道女を目指し、充実した日々。わたくしは幸せでした。

ミカンの林を眺めて

わたくしは修道女になるために、1955（昭和30）年6月から3年半をオーストラリアの「善きサマリア人修道会」の修練院で過ごしました。

シスターになるまでは長い道のりです。教師を務めた長崎県佐世保市の聖和女子学院で、志願期と呼ばれる、ほかのシスターとの共同生活を送りました。これが第1段階。そして第2段階のオーストラリアでの修練期の終わりに、聖ベネディクトの戒律に従い「定住」「生活の回心」「従順」の三誓願を立て、初めてシスターとなりました。２年かかりました。その後も修道生活を深めるため、１年ほど現地で過ごしました。

最後はこの道を進む終生誓願を立て、一生を神にささげる奉献生活となります。その終生誓願の話はいつかしましょう。シスターになるのは時間がかかるのですねとよく言われますが、専門の仕事は長い時間をかけなければ身に付きません。職人さんやお医者さんもそうでしょう。どの世界でも同じです。

修練期では、聖書やキリスト教の教義、修道会の霊性の勉強、修道会の教えの基になる聖ベネディクトの戒律を深く学びました。聖ベネディクトの精神はラテン語で「オラ・エト・ラボラ（祈り、かつ働け）」です。

当時、修道会に日本人はわたくしだけ。日本は敗戦国でした。ついこの前まで敵国だった地での生活で、差別があったのではと聞かれますが、それはありませんでした。ほとんどの時間を修練院で過ごしたこともありますが、外出の際は、ほかの皆さんがわたくしを守ってくれたのかもしれません。親切な方々です。

月1回、家族との面会日がありましたが、わたくしだけ会えません。すると、いろんなシスターが寂しいだろうと自分と家族とのお茶に誘ってくれました。

周りには日本原産のミカンなどの林があり、修練院からよく眺めていました。同期は20人で、わたくし以外は皆オーストラリア人。うち、15人が今も健在です。誕生日やクリスマスにはメールを送り合っています。六十数年たっても友情は変わりませんね。神に誓いを立てる大事な修練期を共に過ごした仲間たち。わたくしたちはあのミカンのように実りました。

そしてわたくしは、再び長崎県佐世保市に戻ります。では、ごめんください。

Ⅳ　教育者の道

祈り、かつ働く

皆さま、ごきげんいかがですか。オーストラリアの修練院での生活は3年半に及びました。そして1959（昭和34）年1月に帰国。その年の春に長崎県佐世保市の聖和女子学院に復職しました。

わたくしが南半球の大陸で勉強している間、日本は変わりました。帰国当初は東京や「善きサマリア人修道会」の日本本部があった奈良で過ごしましたが、廃虚となった街に高層ビルが建ち高速道路も整備され、戦後復興の息吹を感じました。

そして聖和女子学院にも変化がありました。学校を離れたのが創立2年目で最高学年は高校2年。帰ってきたら中学1年から高校3年まで生徒がそろっていました。白亜の木造校舎はにぎやかで、生徒の明るい笑顔に彩られていました。

誓願を立てたわたくしはシスターの生活が主、教師の生活は従。となるはずでしたが、学校の業務の方が忙しかったですね。当時、修道院がなかったので校舎の一角で生活していたわたくしの日課は、こんな感じです。午前5

時半に起床、最初の祈りをささげ講堂で御ミサ。カナダ人の神父さまが毎朝、市内の教会から来てくださいました。朝食後に出校し、正午に部屋に戻って祈りと昼食。クラス担任を務め、部活動の宗教部の顧問もしていました。

授業は日本史、倫理社会、宗教に英語等々。英語はオーストラリア人シスターたちがスピーキングとリーディング。わたくしは文法や英文和訳が担当でした。当時は土曜日は「半ドン」と呼ばれ、半日授業でした。日曜日は教会学校があり、近くの教会に出向き、子どもたちにカトリックについて教える「要理教育」をしていました。休みらしい休みはなかったですね。

まだ仕事がありました。オーストラリア人の校長と日本人のお客さまや職員の間の会話の通訳や、海外から届いた書類の和訳です。大変でしたねって？いいえ。わたくしより、故郷では土日が必ず休みだったオーストラリア人シスターたちが気の毒でした。

当時のシスターは冬場は黒の修道服を身にまとい、夏も薄手の黒、後にベージュなどの修道服も許されました。学校のある松山町は市内から急な上り坂です。教会への行き来でたくさんの汗をかいた記憶があります。「祈り、かつ働け」を実践する日々。全ては「いい学校にしたい」と覚悟の上でした。

生徒の「たまもの」を大切に

シスターと教師の兼務に緊張もありましたが、仕事は楽しかったです。クラスの担任としては毎朝、生徒たちの顔の表情に注意していました。子どもは正直です。心配事や嫌な事があればすぐ顔に出ます。朝の教室に楽しそうな顔が並んでいると、ほっとしました。

英語を教えるオーストラリア人シスターもおり、校内には自然と英語を使わなければならない雰囲気がありました。わたくしが卒業した聖心女子学院や聖心女子大もそうです。英語をしっかり身に付けたいと願う生徒が多く入学し、その雰囲気がさらに強まります。

海外の学校との交換留学も、わたくしが所属する「善きサマリア人修道会」の本部があるオーストラリアを中心に、開校直後から積極的に進めてきました。ロータリーやライオンズクラブがご厚意で創設してくださった留学制度にも、お世話になりました。英語習得の環境に大変恵まれた学校でしたね。

学校の朝は朝礼での聖歌の合唱から始まります。全職員、全校生が各教室で放送部とコーラス部のリードで聖歌集を開いて日々異なる聖歌を合唱し、神様に一日をおささげします。これは創立以来続く聖和の貴重な伝統です。聖歌というと堅苦しいイメージを抱く方もいるかもしれませんが、明るくて楽しい歌詞とメロディーでした。眠そうな顔をしている生徒もキリッとし、素晴らしい朝のスタートが切れます。

学校教育でわたくしが大切にすることは「生徒と真剣に向き合うこと」。どんな人間でも探せば、それぞれ美しい魅力を持っています。それは神様からのたまもの。そこを意識して生徒一人一人を大切にします。間違いがあれば心を込めて注意し、わたくしの誤りなら正直に謝り、生徒を大事にすることを心掛けます。「叱られるのが怖くてうそをつく」のは人の常ですが、生徒たちがそうならないよう、まずこちらが誠実に接するようにしました。

「『シスター景山の前に立つとうそはつけない』と娘が話していました」。これは生徒の親御さんから伺った話です。うれしかったです。生徒たちとの信頼関係の構築は、大人の務めでもありますね。

「体で覚えなさい」

わたくしは現在生活しているフィリピンで、青少年に日本語を教えています。教師として勤めていた長崎県佐世保市の聖和女子学院では英語を教えていましたが、語学をマスターするのはそう簡単なことではありません。

英語や日本語に限らず、語学は「聞く」「話す」「読む」「書く」の四つが基本です。聖和時代の英語の授業は、オーストラリア出身のシスターや米国人の先生が「聞く」「話す」を教え、わたくしは「読む」「書く」ことを主に担当しました。生徒たちに言い聞かせたのが「体で覚えなさい」。英文を書くときはその文章を口ずさむことを求めました。しかも何度も。口ずさむことで書いていることが耳に入るので効果的なのです。

洋画などをご覧いただくと分かりますが、英語圏の人たちは大きく口を開けてしゃべります。ところが日本人は恥ずかしさからか、口を広げず、声が小さいですね。「しゃべるときは静かに、口を小さく」といった日本独特の文化のせいなのかもしれません。

フィリピンでの日本語の授業でも「体で覚えなさい」と伝えています。字を書くときは声に出しながらだと覚えやすいのですよ。語学に近道はありません。努力の積み重ねになります。

わたくしが聖和で教えているとき、熱心な生徒がいました。45年前だったかしら。当時は高校生を教えていたのですが、「シスター景山に英語を習いたい」と中学3年生が願い出たのです。その意気や良し。わたくしに課題を出された彼女はきっちりとこなし、ノートを職員室に持ってきました。それを添削しては、また課題を出しました。

彼女と同じ15歳の頃を思い出します。以前申しましたように1945（昭和20）年、水戸市に疎開したわたくし。戦時中で英語禁止の時代でしたが、通っていた県立女学校の教頭先生のご理解で同校の先生から英語の個人教授を受けたのが心の支えになりました。今度は逆の立場です。

生徒の名前は「ジンボさん」。背が高く、色白でした。「登下校する彼女を見たタクシーの運転手がその美しさに驚いた」という逸話があるそうです。いくら美しくても運転手が見つめてはいけません。安全運転を心掛けましょう（笑）。

ジンボさんはある日、学校から姿を消しました。しばらくすると、彼女はブラウン管の向こうにいました。

女優になった生徒との再会

背が高く色白の「ジンボさん」。わたくしは見た目で人を判断することがありませんが、周囲は奇麗な少女と評していました。わたくしが課した宿題もきちんとこなし、優秀でした。英語が好きなんだなとつくづく思いました。ところが彼女は夏休み明けに学校からいなくなりました。東京の学校に転校したのです。

そしてテレビに出ているではありませんか。わたくしはこの分野には詳しくないのですが、「スター誕生!」というアイドル発掘番組でチャンピオンになって芸能界に入ったのです。神保美喜さん。その後は女優として活躍しています。

神保さんのお母さまとは学校のＰＴＡのような懇親会「母の会」で知り合いでした。お奇麗な方で、ご自身が女優になりたかったと聞いていました。

その思いを娘に託し、神保さんが応えたのでしょう。

その神保さんと2019（令和元）年、実に44年ぶりに再会しました。芸能人が恩師と再会するテレビ番組の収録でした。わたくしが生活するフィリピンのバコロドまで訪ねてきてくれたのです。

新約聖書のルカ福音書に記された「善きサマリア人のたとえ」にのっとって、わたくしが現地で宣教活動をする理由を彼女に伝え、「善きサマリア人修道会」が運営する貧しい子どもたちのための幼稚園、そして貧民街に案内しました。日本では考えられない悪臭を放つスラムで懸命に生きる子どもたちの姿を、彼女は目に焼き付けたようです。

中学3年のとき、芸能活動のため何も告げず東京に行ったことについて彼女は謝りましたが、自分の選んだ道ですから仕方がありません。芸能界で活躍する姿を見て、わたくしはほっとしました。特に心を動かされたのが、彼女から聞いた近況です。「芸能活動の傍ら、大学に通って英語を教える資格を取り、今は子どもたちに教えています」とのこと。うれしい限りです。

職員室でわたくしに向き合っていた中3の神保さんの真剣なまなざしが忘れられません。今度は教え子たちが神保さんをそんな目で見つめているのでしょうね。

規律と優しさの人、初代校長

シスターとしての務めとともに、わたくしは教育畑で働き、多くの先輩方に影響を受けました。

まず東京・聖心女子大の学生時代、米国出身のマザー・ブリット初代学長に女性の自立の大切さを教わりました。戦後間もない時期に先見の明がありました。教師となった聖和女子学院では、マザー・キャサリン・テレサ初代校長兼院長から大いに学びました。

わたくしたちは尊敬を込めて「マザー」と呼んでいました。以前申しましたように、マザーは１９４８（昭和23）年、「善きサマリア人修道会」の最初のグループのリーダーとしてオーストラリアから来られました。原爆で廃虚となった長崎の教会を助けるのが目的でした。カトリック長崎大司教区の山口愛次郎大司教の求めに応じ、女子教育のため、聖和女子学院の設立に携わりました。

　学校の用地を決め、認可を得るため、役所とのやりとりに汗を流しました。言葉も文化も習慣もまだ十分に覚えきれてはおらず、書き残せないくらいに苦労したと伺っています。

　学校建設には莫大な費用が必要です。当時、オーストラリアの修道会のシスターたちは、バザーや募金などを通して浄財を集め日本に送金したそうです。「バザーで母が焼いたケーキを売って寄付をした」「お父さんが日本に送る物資を郵送するのに奔走した」と後日、日本に来た留学生から聞いたことがあります。戦後間もない時期。かつての敵国、日本にこれだけの支援をしてくれたオーストラリアの方々。恩讐を超えた愛。これぞ「善きサマリア人のたとえ」です。あまり知られていない事実です。

　学校運営では、マザーはディシプリン（規律）を求める方でした。時間や作法に厳しく、生徒の制服や髪の長さも定めていました。マザーのルーツはドイツ。「真面目なゲルマン魂に由来しているのかしら」と思っていました。

　そして優しさも。戦後のことですから、生活苦で学費が満足に納入できない生徒もいました。マザーは彼女たちに学費を援助していたのです。後々知ることになりましたが、人知れずの助け舟です。学ぶべきところが実に多い方でした。

次は2代目校長の話を。その後、まさかわたくしも同じ任を担うとは思いませんでしたが（笑）。

アイデア豊富な2代目校長

聖和女子学院の初代院長兼校長、マザー・キャサリン・テレサは全ての人から畏敬の念を抱かれ、まさに「マザー」でした。その校長職を受け継いだのがシスター・クレメントです。

創立の任を果たされたマザーの後継者となったシスター・クレメントは、オーストラリア出身で、もちろん「善きサマリア人修道会」に所属。識見に富み、アイデアが豊富な方でした。いくつか取り上げます。

まずは1969（昭和44）年、待望の体育館が建設されると、シスターは運動部の育成に力を入れました。その結果、特にバレーボール部は今も中高ともに盛んです。全国的な強豪である同じ佐世保市の九州文化学園さんといい勝負を続けているようです。

中高留学制度による伝統の日豪交流に加え、新たな交流も立ち上げました。1973（昭和48）年、創立20周年を記念して、コーラス部に「シンガーズ」と呼ぶグループを発足させたのです。若々しく美しい声を持つ彼女たちがオーストラリアを訪問し、歌でこれまでの支援への感謝を伝えたのです。今でもシンガーズは夏休みに2～3週間、オーストラリアを訪ね、姉妹校や高齢者施設で歌を披露して大いに喜ばれています。

シスターの慈愛の目は保護者にも注がれました。日本の母親は子どものためよく働きますが、その分、自分自身の楽しみが少ないのではと考えられたのです。そこで誕生させたのが「母の会」。母親たちが学校運営を手伝うだけでなく、共に楽しむ組織です。学期ごとに1回程度、旅行を組みました。有田陶器市、嬉野や別府の温泉、長崎外海の巡礼地など、いろんな地を見学しました。卒業生の親御さんを対象に、同じ目的で「きくの会」も立ち上げました。いずれの会も結束力が強かったですね。

1983（昭和58）年、聖和創立30周年を記念して、鉄筋4階建ての新校舎が完成しました。シスター・クレメントはこの新校舎落成式をもって校長職を退任。その際、国際交流に多大な貢献をしたとの理由で、佐世保市より国際親善名誉市民の称号を贈られました。

2人の校長の下で築かれた聖和の伝統を凝縮したのが、この校訓です。

「苦しむ人と共に苦しみ　喜ぶ人と共に喜べるよう　キリストの愛の心で人に接しよう」

生徒は宝、同窓生は魂

長い間、学校教育に携わり「生徒は学校の宝。宝を磨くのが先生。そして同窓生は学校の魂」というのがわたくしの信条となりました。学校の先生や経営者は時代とともに変わっても、創立当初からの学校のスピリットは同窓生により広く深く生き続けます。

聖和女子学院の同窓会「聖苑《せいえん》会」の同窓生は、「善きサマリア人修道会」の最初のシスターたちが植え付けた「隣人愛」の聖和スピリットを大切に受け継いでいます。彼女たちのアルマ・マーテル（母校）への愛にはとても具体性があります。

例えば、同窓会が２００７（平成19）年に発行した創立50周年記念誌「ぶどうの木の下で」。「平和の使者の物語」と題し、学校創立の由来を分かりやすくまとめた小冊子です。生徒たちがそのスピリットを継承し、育んでいくようにとの思いが込められています。新入生全員が入学初年度の宗教の授業で副読本としてこれを学びます。同じように新任の先生方にも渡されます。聖和と共に歩むための心に染みる大切な教本です。

また、聖和60周年を記念して校舎の入り口に約30人のシスターの顔写真のパネルが掲示されました。かつては大勢のシスターが聖和の幼稚園、中学、高校で働いていました。しかし時代の流れとともに減少し、現在、シスターはいません。

そこで60年の間に聖和に奉職したシスター全員の顔写真を、過去と現在を結ぶ貴重な思い出として並べられたのです。さらには「聖和に学んで」と題して１期生による講演とそれに続く各世代からの代表卒業生によるパネルディスカッションを企画されました。

わたくしはフィリピンにいて出席できませんでしたが、全校生徒の感想文を頂きました。どの手紙からも学業への熱意だけでなく、開校した1953（昭和28）年以来、植え続けられた「隣人愛」を実践しようという心意気を感じました。

宝を磨くように、生徒一人一人の個性を大切にしながら学問を身に付けさせる先生方。さらに生徒たちに一生の規範となる聖和スピリット、隣人愛を伝える同窓生たちは、まさに「学校の魂」そのものです。

そうやって常に生徒や先生、同窓生が一枚岩の聖和ですが、少子化の波にはあらがえず、経営難に陥ったことがありました。

そんな苦境に、理事長を任されたのがわたくしでした。

学校の危機、理事長に

所属するカトリック「善きサマリア人修道会」の教えに「祈りかつ、働け」があります。毎日その言葉を胸に奉職するわたくしですが、「もっと働きなさい」という時期に直面しました。聖和女子学院の理事長への就任です。２００５（平成17）年のことでした。

当時、わたくしは聖和の系列で同じ佐世保市内にある「桜の聖母幼稚園」の園長を務めていました。その前は、後々の回で話すフィリピン・バコロドで宣教活動をしたり、日本管区の本部があった奈良の修道会に勤めたりしていました。

そこで命じられたのが理事長の職。その頃は少子化の影響により全国各地で生徒数が減少しており、私学を運営する法人にとって深刻な問題になっていました。聖和も例外ではありません。１９５３（昭和28）年に開校した聖和はカトリックの女子校として、長崎県北部や佐賀県を中心に多くの生徒が入学してきました。語学や宗教教育に特色があり、入学希望者は多かったのですが、少子化の波には勝てませんでした。

わたくしの理事長就任が学校を運営する理事会で内定し、オーストラリアの修道会の本部で正式決定されました。予期せぬこととはいえ、これがわたくしのミッションです。覚悟しました。聖和の魅力を保ちながら経営改革を進めるしかありません。

多いときは中高合わせて500人以上だった生徒数は、受験者の減少が影響し450人以下に減っていました。それなのに先生の人数は以前と同じです。大学入試に合わせて専門科目を教える先生方をそろえていたのですが、担当する生徒は数人だけというケースも多かったのです。

学校は借金こそありませんでしたが、毎年数千万円の赤字が発生。それまでの蓄えで何とか補っていました。このままでは経営が立ちゆかなくなるのは、目に見えていました。

経営に関しては、素人だったわたくし。理事や事務長とそろばんをはじきながら頭を悩ます毎日でした。

さて、どうすれば打開できるのか。こういったときは同じ苦労をしている先輩へ相談するのが一番ですね。卒業した聖心女子大の同じ1期生で、岡山市にあるノートルダム清心女子大で学校運営に携わっていたシスター渡辺和子さんを訪ねてみました。

多大な助けを受けて

渡辺和子さんとは毎年東京で行われる「全国カトリック学校理事長校長研修会」の後、喫茶店でお会いしたり、シスター渡辺の修道院をお訪ねしたりしました。

シスターからは「最後は理事長として、理事会であなたが決断しなければ」と厳しい叱咤《しった》激励の指導を頂きました。

導き出した結論は、一定数の先生方に退職をお願いすること。本当に心苦しい選択ですが、経営者としての使命感を持って、この学校経営の危機を打開しなければなりません。

対象者を3点に絞りました。①夫婦でお勤めの方②既に子どもさんが大きくなり経済的負担が少なくなった方③ライフワークとされた教職という奉仕を一応達成された方――。学校の経営状況を説明し、何度も話を重ねました。そうやって何とか危機を乗り越えたときは、安堵《あんど》と、退職された方への申し訳ない気持ちでいっぱいでした。

苦しむ私に、常に理解を示し、真剣に解決策を講じてくださったのが長崎大司教区の高見三明大司教でした。ご相談に伺うたびに寛大な心でねぎらって、カトリック女子校の存続へ理解を示してくださいました。学校法人の理事、評議員をはじめ教職員、同窓生など数知れない方にお世話になったのです。

当時、わたくしが周囲から「鉄の女」と呼ばれていたと最近伝え聞き、思わず笑ってしまいました。それは強い意志を持つ女性の象徴であるマーガレット・サッチャー元英国首相の異名です。わたくしは「鉄」と呼ばれるほど強くありません。ただのシスターです。

その後、わたくしは２０１０（平成22）年に理事長を退任し、再びフィリピン・バコロドへ宣教活動に参ります。では、ごめんください。

V 共に働く

フィリピンでの宣教

皆さま、ごきげんいかがですか。今わたくしはフィリピン・バコロドでカトリック「善きサマリア人修道会」の宣教活動に従事しています。修道会がこの地で活動を始めて30年を迎えました。なぜこの地で働くのか、この宣教活動の目的を申し上げます。

戦後、日本が困窮していた時代、各国の修道会が物心あらゆる援助をしてくれました。わたくしたちの修道会のシスターたちが被爆地・長崎で苦しむ日本人のため、オーストラリアからはるばる来日したことは、以前、話しましたね。

その後、日本は驚異的な経済発展を遂げました。陰ながら奉仕された先人のシスターたちのように、わたくしたちも「異国で何かできないか」と、宣教派遣の検討に入りました。１９７０年代ごろから日本の各修道会は、宣教活動として東南アジアやアフリカなどの経済的に恵まれない国々に、会員の派遣を始めていたのです。

そこでわたくしたちの派遣候補地に挙がったのがフィリピン。太平洋戦争の日米決戦の地で、50万人以上の日本人が死亡しました。一方で、フィリピン人には約110万人もの犠牲者が出たのです。特にマニラでは、日本軍が米軍や現地の抗日ゲリラと戦闘を繰り広げ、多くの民間人が巻き添えで亡くなりました。そして、日本兵による忌まわしい虐殺も発生しました。

日本人にとって耳が痛いでしょうが、これは事実です。この本のタイトルの最初に「謝罪」とあるのは、わたくしの心の奥に宿る誠実な気持ちです。でも、戦後、フィリピンは恩讐を超えて親日国になって、手をつないでくれたのです。彼らの恩義に報いるため、「謝罪」と「感謝」の念を伝えつつ、共に働く「共働」を進めようと、この地での宣教を目指したのです。

1981（昭和56）年にオーストラリアであった修道会総会で、わたくしたち日本管区は、アジアへの宣教派遣を提案しました。ですが、日本人会員がまだ少ないことや、将来的にどう活動を持続していくか計画性が乏しかったため、受け入れられませんでした。

ですが、その後、日本管区は「今の安定を犠牲にしても必要とされる地へ赴く」と強い決意を表明し、1987（昭和62）年、派遣が認められました。翌年、いよいよフィリピンへの宣教派遣の準備が始まります。

「飢餓の島」で

「善きサマリア人修道会」が宣教の地にフィリピンはどうかと検討を始めたのは、１９８０年代後半のことです。国の中で特にどの地域が会の助けを必要としているのか、調査することにしました。

当時わたくしは聖和女子学院（長崎県佐世保市）から離れ、奈良で修道会の仕事に携わっており、身動きできません。代わりにシスター後藤圭子に、宣教の可能性を託しました。現地で宣教学を勉強しながら、体験学習でいろんな地域を訪問したシスター後藤。「一番助けを必要としている地域はネグロス島です」と報告してきました。

この島は「飢餓の島」と呼ばれていました。一握りの土地所有者とハシエンダと呼ばれる大規模サトウキビ農園で働く労働者との貧富の差が激しいのです。

サトウキビの単一農業に頼っていた島では、世界的な砂糖価格の下落で砂糖産業が壊滅。失業者があふれ、多くの死者が出ました。圧政に苦しんできた農家の怒りは沸点を超え、デモが頻繁に起こりました。軍が締め付けにかかり、犠牲者も出ました。

悪名高いマルコス政権が崩壊したのは1986年。代わったアキノ政権は農家の自立と育成を掲げ、1988年に農地改革法を制定しました。それでも農民の自立は容易ではありません。飢餓から抜け出せない農民を救おうと、多くのNGOが生計プロジェクトを手掛けていました。直接的手段は農民への教育。食の充実による子どもたちの体力づくりにも重点を置いていました。

国の混乱が続く中、わたくしたちがやるべき仕事は飢えに苦しんでいる人たちを救うこと。まずは子どもたちのおなかを満たさなければなりません。戦後の日本もそうでした。子どものわたくしも毎日空腹でしたから、つらさが分かります。

そして私たちの宣教活動が始まったのは、もう一人の日本人シスター森川晴子が派遣された1990（平成2）年。この年にはネグロス島で国際援助団体の日本人職員が共産ゲリラに誘拐される事件が発生し、治安は最悪でした。でも、救わなければならない命があるのです。まずは子どもたちへの給食の提供を手掛けました。バコロドから遠近問わず、サトウキビ農業の盛んな地域をほかの修道会のシスターたちと回り、栄養のあるスープを食べてもらいました。

日本での仕事が一段落したわたくしも、ついにフィリピンで宣教生活を送ることになりました。1994（同6）年のことです。

給食プログラム

1994（平成6）年、フィリピン・バコロドで宣教生活を始めたわたくし。所属する「善きサマリア人修道会」のシスターたちと共に、貧困にあえぐ子どもたちに食事を取ってもらう「給食プログラム」に着手しました。

申しましたように、フィリピンは貧富の差が大きいのです。日本のように中流階級は少なく、サトウキビ産業などで財を成した人は、考えられないような大きな家に住み、子どもたちも私立学校や留学と恵まれた環境にあります。一方で、貧しい人たちは明日の生きる糧すらありません。特に親が失業し、飢えに苦しんでいる子どもたちが心配です。彼らを助けなければなりません。

そこで考えた給食プログラムは、貧民街を定期的に訪れ、栄養のあるスープを提供します。鶏がらをベースに菜っ葉を煮込んだチキンスープです。乳児には、ミルクを与えました。まずは栄養をつけねばなりませんからね。日本からの浄財を元手に、食材の購入から現地の人と共に働きます。

作るのはそこに住む母親たち。わたくしたちが全てやれば、自立が生まれませんからね。調理はテントのない「青空キッチン」。シスターは子どもたちを集めて勉強を教えたり、お遊びをしたりします。健康状況を調べるため乳児の体重を量りました。体重計がなく、ハンモックのようなもので赤ちゃんをくるんでつりばかりを使いました。クリスマスの時期にはスパゲティのごちそうです。微々たる力とは思いますが、子どもたちが笑顔で待つ姿が忘れられません。週1回程度訪れて喜ばれましたが、いつかこの人たちが一本立ちしてくれるよう望みました。

そうそう、珍道中もありました。サトウキビ畑が延々と続く道路でのこと。訪問には「ジープニー」と呼ぶ乗り合いタクシーを使っていましたが、田舎は道が舗装されていないので、スコールが降ると、さあ大変。道が川のようになり、ジープニーも動きません。そんな状況の中、泥池で休んでいた水牛に頑張ってもらいました。水牛が陸に上がってきたのを見計らい、縄を掛けて引っ張らせました。すると、ジープニーは前進しました。まるで牛車のようで、なかなかできない面白い経験でした。

つらい生活を強いられる彼らに笑顔を――。給食プログラムのほか、いろいろなプログラムを考えました。

子どもに学ぶ機会を

給食プログラムについてお伝えしましたが、子どもたちにとって次に大切なのは、学校教育です。私たちは教会のリーダーや親たちの要望に応え「奨学生プログラム」も小規模ながら始めました。

この国の義務教育期間は現在、13年。幼稚園1年、小学6年、中学4年、高校2年です。公立学校で学ぶのはもちろん無料ですが、多くの貧しい家庭では文房具や服を買えず、子どもを学校に通わせられないのが実情です。

わたくしがフィリピンの子どもたちに日本語を教える中で気づいたことが

二つあります。一つ目は、子どもたちに「勉強は好きですか」と質問するのは全く無意味なこと。彼らにとって勉強は特権であり、喜びであり夢なのです。

二つ目は、多くの子が非常に伸びる才能を持っているということ。電気も水道もない、いわゆる掘っ立て小屋に住む子どもたちですが、教育のチャンスさえ与えれば、どんどん知識を吸収するのです。

また、親たちも子どもの高等教育には熱意があります。自分を犠牲にしても「子どもには大学教育を」と頑張るのです。こうした状況を理解し、私たちはいろいろな援助のプログラム（給食、家屋、生計など）の中でも「奨学生」に力を入れることにしました。

具体的には、貧しくて公立学校にすら通えない子どもに学びの機会を提供するため、奨学金を出します。援助対象者は教育や地域のリーダーに責任を持って決めてもらいます。１９９０年代初頭、小学生を対象に少額から始めたプログラムは着実に発展しました。援助の範囲は現在、大学生まで広がっています。大学を卒業し、学位を受け職を得る――。それは親たちの大きな希望です。そして子どもたちの夢は、家を親にプレゼントすることです。

こうした援助には基金が必要です。日本国内の個人や団体が手を差し伸べてくれました。日本の「善きサマリア人修道会」が設立した基金「バコロド友の会」をずっと支えてくれたのが、数知れない友人たちです。わたくしが通った聖心女子学院の後輩、町田知寿子さんもその一人。海外邦人宣教者活動援助後援会（JOMAS）の創設者であり、ベストセラー作家でもあります。ペンネームで活動されているからぴんとこないかもしれません。さて、どなたでしょうか。

大作家の援助も

「町田知寿子さん」なる方の種明かしをす

る前に、わたくしが通っていた聖心女子学院の話をしてもいいですか？　うなずかれたようなので（笑）始めますね。

わたくしが小学3年生のとき。国語の先生が「これは小学1年生の作文ですよ。とてもよくできているので紹介します」と、ある作文を読んでくださいました。その作者が町田さん。わたくしと同様に、小学校から大学まで聖心に通った女性です。

町田さんが創設した海外邦人宣教者活動援助後援会（JOMAS）から、フィリピンで宣教活動をしているわたくしたち「善きサマリア人修道会」は、1997（平成9）年より毎年多くの援助金を受けています。

センダンが双葉の時期から香るよう、大成する人は幼い頃から才能を発揮するという意味の「梅檀《せんだん》は双葉より芳し」。そのことわざ通り、町田さんは作家としてデビュー。「神の汚れた手」など多くの小説、エッセーを著しました。結婚相手は同じ作家の三浦朱門さん。ここまで話せば、お分かりですね。町田さんとは、ペンネームで曽野綾子さん。カトリック信徒の曽野さんは、ご自分の仕事からの実りを海外で活動する日本人修道宣教者の支援に広く供されています。

わたくしたちの会も、バコロドの貧しい子どもたちへの奨学金として2002（同14）年から寛大な援助を受けています。おかげで合計1200人弱の奨学生、200人弱の大学卒業生を送り出せました。曽野さんをはじめJOMASの皆さまには大変感謝しています。

「奨学生プログラム」はもともと、修道会が運営する「バコロド友の会」が始めたものです。多くの方々の物心両面にわたる温かいご援助に一同、感謝に堪えません。

また近年、修道会は、オーストラリアの総本部の援助を受けて、母親たちが生計を立てられるように「善きサマリア人センター」を開きました。料理教室、縫製作業、小物やろうそく作りなどを心の教育とともに実施し、女性の自立を助けています。

長崎県佐世保市の団体「長崎愛の奉仕団シナピス会」にも、お世話になりました。会員の方がわざわざ、この遠いバコロドの地を何度も訪問され、寄付金や励ましを頂きました。

佐世保発・草の根支援

毎年5月に1カ月間帰国しますが、2020（令和2）年はコロナ禍で断念しました。故郷の東京にも、教育者として思い出深い長崎県佐世保市にも行けませんでしたが、我慢の時期です。

さて、その佐世保市にあった団体「長崎愛の奉仕団シナピス会」について話したいと思います。申しましたように、フィリピン・バコロドで宣教するわたくしが所属する「善きサマリア人修道会」には、日本やオーストラリアから援助が寄せられています。シナピス会もその一つです。

この会は1992（平成4）年、初代会長の故広田義雄さんらカトリック信徒を中心に結成。県内の1500人以上の会員が献金を寄せてくださり、このお金でわたくしたちは農家育成施設「農村開発研修トレーニングセンター」を建設しました。貧しい農家の自立を図るのが目的でした。

こうした草の根の支援は会が終了する2017（同29）年まで、実に25年も続きました。広田さんや前会長の山口瑞代さんはじめ会員の方々が何度も現地にお越しくださいました。バコロドの北にあるマナプラのハシエンダ（大規模サトウキビ農園）周辺のインフラ整備への支援は特記すべきでしょう。1990（同2）年に訪れた際は水道も電気もトイレもありませんでした。以降、子どもたちの給食プログラムで現地入りするときは覚悟したものです。

その後、シナピス会は現地の行政関係者に丁寧で親身な支援を約束し、実行に移されます。地域は徐々に整備され、解散したシナピス会が2018（同30）年、最後に訪問した際は現地のインフラは充実。開設された小中学校で児童や生徒、行政関係者の大歓迎を受け、びっくりしました。シナピス会が寄贈した楽器で子どもたちが上手な演奏を披露し感銘を受けました。

シナピス会をはじめ、支援団体の助けはどれだけのフィリピンの貧しい人たちの瞳を輝かせ、心に勇気を与えたことでしょうか。シナピス会からはわたくしたちがバコロドで運営する幼稚園にも、楽器や文房具などの寄付を頂きました。

そういえば、まだ幼稚園の話をしていませんね。次はその話をしましょう。わたくしは以前、聖和系列の「桜の聖母幼稚園」（長崎県佐世保市）の園長をしておりました。そしてフィリピンでも、幼稚園で子どもたちの笑顔を見ることになりました。

幼稚園の設立

わたくしが所属する「善きサマリア人修道会」は、宣教活動をするフィリピン・バコロドで幼稚園を設立しました。「グッド・サマリタン・キンダースクール」。邦訳すると「善きサマリア人の幼稚園」。現在は「桜の聖母幼稚園」と姉妹園となっています。

１９９０（平成２）年から現地で本格的に始めた宣教活動として給食、家屋、生計、奨学生などいろいろな援助プログラムを行いました。10年を経過し、２００２（同14）年には現地の修道会会員も誕生し、修道会の活動の拠点となる事業を検討しました。何ができるか現地の方と話し合った結果、幼児教育の重要性が浮上しました。フィリピンでは幼稚園の年長から義務教育になっていますが、貧しい家庭では残念ながら通わせられないのです。

わたくしたちの属する教会の裏の空き地が借用できることになりました。日本やオーストラリアからの浄財を生かし、鉄筋コンクリート平屋の園舎を建設しました。そして２００４（同16）年５月、運営がスタート。教室があり、遊具があり、栄養不足を補うべく給食も導入しました。入学基準は、経済的に貧しい家庭。生活は苦しいけれど、子どもたちを何とか学校に行かせたいという、親たちの願いをかなえたかったのです。

設立時、わたくしは日本にいたため、当初の運営はほかのシスターたちが担いました。初代園長はフィリピン人のシスターが務め、日本人幼稚園教諭のシスター迎衛子も奉仕しました。2014（同26）年度からは現地の先生だけに任せています。現地の方々による自立的な運営こそ大事です。わたくしたちはあくまでもお膳立て役でありたいのです。

園児たちの制服は白のブラウスに水色を主体に、緑と黄色のチェックのスカート。布地購入、仕立てと保護者の手も借り、開園になんとか間に合わせました。佐世保の青い海と空を思わせる色彩はここ南国でも映えますね。毎年120人が在籍し、内訳は年長60人、年中60人。午前と午後の2部制で運営しています。明るく楽しい子どもたちの声に包まれていた園ですが、2020（令和2）年はコロナ禍で15歳未満の外出が禁止され、子どもたちは登園できません。このため先生たちが定期的に各家庭を訪問し、子どもたちの様子を見て宿題などを渡し、教えもします。解答した宿題は毎金曜日、保護者が幼稚園に届ける仕組みです。

自分が学べなかった親たちは子どもに学びを託します。子への慈愛は古今東西変わりません。

異なる習慣。大切なのは思いやり

1994（平成6）年に始まったわたくしのフィリピンでの暮らし。一時帰国し、聖和女子学院の理事長などを務めた時期がありましたが、ここでの生活は足かけ15年ほどに及びます。四季がなく常夏です。気候と同じく、生活習慣や考え方が日本とずいぶん違うと感じさせられます。

まずは時間の概念。例えば午後3時に待ち合わせと約束してもまず、きっかりには来ません。フィリピンの方にとっては午後3時59分までが午後3時という考え方だから、遅れたとは思わないのです。最初はずいぶん戸惑いました。日本の鉄道はたった1分遅れて駅に到着してもおわびの放送が流れます。フィリピンと日本、どちらが正しいとは言いませんが、ゆっくり流れるフィリピンの時間も悪くないですね。さすがに59分も待たされるのはどうかとも思いますが（笑）。

そして結婚式。日本では招待された人だけが来るのが当たり前です。フィリピンでは招待された人は自分の家族や友人が望めば、平気で一緒に連れてきます。どれくらい祝儀を包むかと日本では考えますが、ここではそんな習慣はありません。手ぶらでいいのです。大切なのは一緒に楽しむこと。キスして抱擁し、食べておしゃべりするのが生活習慣。現在のコロナ禍の「密」を避ける生活様式は、フィリピン人にとって相当に味気ないものでしょう。

こんなことも。週末に奨学金を受ける生徒たちに日本語を教えています。語学をマスターするには体全体で覚えるのが大事と前にお伝えしました。そのように「家で、寝る前に鏡を見て大きく口を開けて練習しましょう」と生徒たちにアドバイスしました。

ところが、ある日、生徒たちの家庭を訪問してそれが無理だと分かりました。彼らの家は電気がなく夜はろうそくで過ごしていました。もちろん鏡も机もないのです。実際に訪れてその貧しさを体験しました。悪いことを言ったと深く反省しました。当たり前のことが、ある人にとっては当たり前ではないのだと認識させられました。体験に乏しい口先だけの教えがいかに危険かを痛感しました。

そう、相手への思いやりが欠けてはいけないのです。俯瞰すれば、国家間の問題や摩擦も互いの理解不足がそうさせるのでしょう。海外で暮らせば、日々そんな学びがあります。

頼りがいのある長姉

90歳のわたくしは9人きょうだいの次女です。そのうち8人が健在でして、周囲からはよく「長寿の一族ですね」と感心されます。皆仲がいいのですが、中でも長女のあきは幼少期からこれまで、頼りがいのある存在で大きな影響を受けました。今日はその姉の話をしましょう。

92歳の姉はわたくしより1学年上で二つ年長。学校はずっと同じで、小学校から東京の聖心女子学院と聖心女子大でした。戦後間もない、同じ1946（昭和21）年6月27日に洗礼を受けました。修道会こそ違いますが、同じシスターとしての道を歩みました。その後、上智大の大学院や所属する

「援助修道会」の本部があるパリの大学院を経て、カトリックについて大人や子どもたちに伝える「要理教育」の先生として幼稚園から大学まで幅広く教えていました。景山あき子のペンネームで、カトリックの教えを広める本もたくさん出版しています。

長女らしく、万事しっかり者の姉。後に作家になるほどですから面白い話が上手で、幼いとき、わたくしは姉にずっとくっついて、話を聞いていました。もっと一緒にいたくて、おやつを半分あげてまでも、同じ時間を過ごしました。ほとんどけんかをすることもなかったでしょうか。

幼い頃のことです。何の理由かは忘れましたが、姉のハンカチの端を切るいたずらをしたのです。今思えば、恥ずかしい限りです。姉はそんなことをされても声を荒らげたり、怒ったりはしません。心が大きいのです。昔からわたくしにとって姉は「偉い人」という存在です。

最近は国際電話を通じ、東京在住の姉に相談事をしています。フィリピンでの修道活動や宣教活動、家族についての話などです。このコロナ禍ですので、2020（令和2）年は帰国できず、姉をはじめきょうだいには会えませんでしたが、わたくしより若々しい姉の声に、電話をするたび励まされています。

知的で慈愛にあふれた両親の下で育てられたわたくしは、きょうだいにも恵まれました。ですので、心置きなくフィリピン・バコロドで宣教活動に没頭できるのです。

この南国では、わたくしが育った景山家と同様に大家族が多いですね。にぎやかな一家を見ると親近感が湧きます。育った環境は違うとはいえ、奨学生の家庭訪問をするたびに、家族と過ごした頃を思い出します。

「心の密」を大事に

コロナ禍に覆われた2020（令和2）年。世界で175万人を超える犠牲者が出ました。人類全てが当事者となる、つらい1年でした。2020年現在、わたくしが住んでいるフィリピン・バコロドは、日本より厳しいロックダウン（都市封鎖）の措置が続いていて、今でも15歳未満の子どもたちの外出は禁止です。日曜日のミサはようやく再開されましたが、密集を避ける厳しい条件付きです。

日本は3密（密閉、密集、密接）を避けることを励行しているそうで、これ以上、感染者を増やさないためにもやむを得ない措置だと考えています。ですが、独り暮らしのお年寄りの方は訪問者もなく、お友達と語り合う毎日の楽しみもなくなっているのではないでしょうか。

3密を避けるのは大事ですが、交流が失われるのは危険です。「人間は社会的動物なので人との交わりがないと生きていけない」とある学者の話を聞いたことがあります。まさしくその通りです。心の触れ合いがなければ、心身共に弱っていきます。

接触が限られるコロナ禍では、他人との心を「密」にすることです。その必要性に気づき、積極的に努力しなければならないでしょう。

電話をかける。手紙やメールを送る。「こんにちは」「元気にしてますか」と声を掛ける。フィリピンなら「愛している」ですね。その一言でわたくしを気遣ってくれる人がいると感じ、寂しさがすーっと抜けていくのです。心配してくれる人がいる、自分は一人ではないのだと。気持ちが前向きになります。

「心の密」は元気の出る処方箋です。飛沫《ひまつ》感染もしませんしね。

現在、わたくしはオンラインで日本語の授業をしています。そのとき心掛けているのが、より丁寧な話し方。授業内容を普段より、一層相手の心に響かせたいと思うのです。でも、大家族が多いフィリピンではそんなことはあまり心配しなくてもいいようです。

そんな「心の密」。ぜひ実践してください。

「第3の誕生日」まで

わたくしはバコロドの空を見上げるのが好きです。この南国に浮かぶ雲は非常に力強く、写真家にとって貴重な様相を呈すると聞きました。その雲の去りゆく姿は、ゆっくりだったり、あっという間に消えたり。「人生とよく似ているなあ」と感じます。「行く川のながれは絶えずして、しかも本の水にあらず」で始まる鴨長明の方丈記ではありませんが、その通りです。

振り返ってみれば、わたくしの人生もそうでした。敵機に追われ死線をさまよった少女時代、長崎県佐世保市の聖和女子学院では信仰の道を職員や生徒たちと共に歩みました。そしてバコロドでの宣教活動。まあ、変化に富んだ人生ですよね。その間、国や言葉や文化を超えて、書き切れないほど多くの方々に支えていただき、皆さまと共に働くことができました。

カトリックでは亡くなることを「帰天する」と申します。神の元に戻ることを意味し、わたくしにとって生誕、洗礼に続く第3の誕生日です。聖和女子学院の2代目校長、シスター・クレメントは２０２０（令和２）年11月18日に帰天されました。バコロド宣教の道を切り開いたシスター後藤圭子も天に召されました。２０２１（同３）年2月に91歳を迎えるわたくしもいつか帰天のときが来ます。そのときまで働きたいと願っています。

イエス様の生誕月である12月。２０２０（同２）年はコロナ禍でバコロドでもにぎやかな祭りはありません。ですが、クリスマスや大みそかに寂しい人やおなかをすかせた人がいないように、わたくしたちはプレゼントを配ります。行政や教会、ほかの団体と一緒になって、お弁当やお菓子を車に載せて回るのです。そうやってわたくしたちの心と心は触れ合い温かくなるのです。

あの雲のように時代は移ろいます。そしてコロナウイルスもいつか終息します。光が差し、晴れ渡る日がやってきます。それまで、お互い声を掛け合いながら前進しようではありませんか。

これまでのわたくしの半生に付き合ってくださった読者の皆さまに感謝を込めて「ありがとうございました」。では、ごめんください。

刊行に寄せて

出会いに感謝

聖和女子学院同窓会 聖苑会会長　川添麗子

善きサマリア人のたとえ話で、イエス様が言われた言葉「行って、あなたも同じようにしなさい」。「善きサマリア人修道会」のシスター方は、援助の手を待つ世界中の人々に、奉仕活動を実践してこられています。この精神が「聖和スピリッツ」としてこれまで引き継がれて参りました。同窓生は学校の魂と言われます。シスター方からお導きいただいた〝隣人愛の実践と聖なる平和の実現〟が、聖和で学んだ私たち卒業生のミッションであり、与えられた場所でそれぞれの役目を果たしております。

シスター景山との出会いは、長女が在学中のころでしたが、親しくお話しさせていただくようになったのは、私が同窓会の会長をお受けしてからの10

年程でしょうか。ご年齢を聞いたことはありませんでしたが、シスターの頭はコンピューター（かなうなら、ちょっとのぞかせてもらいたい）、気力体力にも驚かされます。どのようなときでも優しく思いやりを持って接してくださいます。何げない会話の中にも学びがいっぱいあります。豊かな気持ちでいられます。本書の中にも心に響く言葉がたくさんありました。言葉は心と魂を癒やすエッセンスであり、人生のパワーの原動力になるのではないでしょうか。

シスター景山はご自分の事はあまり語られませんので、どうしてバコロド？　タイトルの謝罪、感謝、共働とは――？　今回、本書を読ませていただいてなるほどと思ったことが多くありました。皆さま方にもシスターの思いをお分かりいただいたことと思います。

バコロドへ行かれてからは、毎年5月に帰国なさいますが、お楽しみは何といっても年に1度のご褒美のお食事です。シスターはお寿司を前に、おちゃめに笑みを浮かべながらニンマリ。中でもウニや鰻が大好物。もともと和食がお好きで、ほかに懐石料理とか豆腐料理も喜んで召し上がります。ふるさとでのつかの間のぜいたくですからね。

海外法人宣教活動援助後援会の推薦により、社会貢献の功績をたたえられ、社会貢献者表彰を受けられた折にはご一緒させていただき、喜びを分けていただきました。〃どのような人も隣人のように愛しなさい〃というこの言葉は聖和の生徒なら誰でも、よく耳にしています。バコロドの過酷な現状を知り、いずれ自分もそのような人々のために働きたい。こんな素晴らしい女性が身近にいて、シスター景山を目標にして頑張っている学生がいることは、とてもうれしく思います。

シスターは「心の密」は元気の出る処方箋とおっしゃっています。今の世の中だからこそ、ぜひとも心の密を実践したいですね。

シスター景山を必要とされている方々のためにも、健康には十分留意され、ますますのご活躍を心からお祈り申し上げます。

本書は西日本新聞朝刊に連載された聞き書き「謝罪と感謝、そして共働」（2020年10月6日～12月5日）に加筆、修正したものです。文中の年齢、肩書きは掲載当時のままとします。

景山ひろ
かげやま・ひろ

1930 年 2 月 10 日、東京都に生まれる。カトリック系の聖心女子大大学院を修了。1955 年、「善きサマリア人修道会」へ入会。長崎県佐世保市の聖和女子学院に通算 30 年近く勤め、教師から校長、理事長などを歴任した。九州は「第二の故郷」。修道会での活動歴は約 65 年。2021 年現在、フィリピン・バコロドの貧民街で宣教中。修道会の活動の柱は貧しい子どものための幼稚園運営や奨学金付与、女性自立支援など。

山上武雄
やまがみ・たけお
1969 年、山口県下関市生まれ。2001 年、西日本新聞社入社。北九州支社、運動部、大阪支社、佐世保支局を経て 2021 年 2 月現在、くらし文化部編集委員。

取材協力：水戸市立博物館、学校法人聖心女子学院、聖心女子大学、景山あき様、山口瑞代様 、鈴川良様

シスター景山　謝罪と感謝、そして共働
2021年2月27日　初版第一刷発行

著　者　山上武雄
発行者　柴田建哉
発行所　西日本新聞社
〒810-8721 福岡市中央区天神1-4-1
TEL 092-711-5523（ビジネス編集部）
FAX 092-711-8120
印刷・製本　シナノパブリッシングプレス
協　力　聖和女子学院同窓会聖苑会　学校法人聖和女子学院
編　集　田中直子

定価は表紙カバーに表示してあります。落丁本・乱丁本は送料小社負担でお取り替えいたします。小社ビジネス編集部宛にお送りください。本書の無断転写、転載、複写、データ配信は、著作権法上の例外を除き禁じられています。
ISBN 978-4-8167-0990-6 C0036